I0160249

"Song Up Out
of Spain":
Poems in Tribute
to Ezra Pound

A Bilingual Anthology

Translated by
Paul Scott Derrick, Natalia
Carbajosa and Viorica Patea

Edited by
John Gery and Viorica Patea

"Canción
desde España":
Poemas en homenaje
a Ezra Pound

Una antología bilingüe

Traducciones de
Paul Scott Derrick, Natalia
Carbajosa y Viorica Patea

Edición a cargo de
John Gery y Viorica Patea

The Ezra Pound Center for Literature

at the University of New Orleans

The Ezra Pound Center for Literature Book Series is a project dedicated to publishing a variety of scholarly and literary works relevant to Ezra Pound and Modernism, including new critical monographs on Pound and/or other Modernists, scholarly studies related to Pound and his legacy, edited collections of essays, volumes of original poetry, reissued books of importance to Pound scholarship, translations, and other works.

Series Editor: John Gery, University of New Orleans

Editorial Advisory Board

Barry Ahearn (Emeritus), Tulane University
Massimo Bacigalupo (Emeritus), University of Genoa
Ronald Bush, University of Oxford
Peter Liebregts, University of Leiden
A. David Moody (Emeritus), University of York
Ira B. Nadel, University of British Columbia
Marjorie Perloff, University of Southern California
Tim Redman, University of Texas at Dallas
Richard Sieburth, New York University
Demetres P. Tryphonopoulos, Brandon University

Also Available in the Ezra Pound Center for Literature Book Series

Catherine E. Paul, *Fascist Directive: Ezra Pound and Italian Cultural Nationalism*

Anderson Araujo, *A Companion to Ezra Pound's* Guide to Kulchur

Richard Parker, Editor, *Readings in The Cantos*, Volume 1 and Volume 2

Catherine Paul and Justin Kishbaugh, Editors, *A Packet of Poems for Ezra Pound*

Justin Kishbaugh and Catherine E. Paul, Editors, *Ezra's Book*

Massimo Bacigalupo, *Ezra Pound, Italy and the Cantos*

John Gery, Walter Baumann, and David McKnight, Editors, *Cross-Cultural Ezra Pound*

Anderson Araujo and Ronald Bush, Editors, *The Pound Biennial*, Vol. 1

Viorica Patea, John Gery, and Walter Baumann, Editors, *Ezra Pound and the Spanish World*

"Song Up Out
of Spain":
Poems in Tribute
to Ezra Pound

A Bilingual Anthology

Translated by
Paul Scott Derrick, Natalia
Carbajosa and Viorica Patea

Edited by
John Gery and Viorica Patea

"Canción
desde España":
Poemas en homenaje
a Ezra Pound

Una antología bilingüe

Traducciones de
Paul Scott Derrick, Natalia
Carbajosa y Viorica Patea

Edición a cargo de
John Gery y Viorica Patea

CLEMSON
UNIVERSITY
PRESS

Copyright 2023 by Clemson University
ISBN 978-1-63804-088-0

Copyright 2023 John Gery and Viorica Patea (editorial matter and arrangement)

The copyright of individual contributions remains the copyright of the contributor.

Editorial Assistant: Gloria Aragon

Cover design by Carlos Fortes Graphic Design

To order copies, please visit the Clemson University Press website:
www.clemson.edu/press/

To Javier Coy (1936–2019) *in memoriam*

Contents
Índice

Introduction

"A Species of Rich Diagram"
The Pound Legacy among Poets in Spanish and English

Viorica Patea and John Gery

After the 27th Ezra Pound International Conference in Philadelphia in 2017 focused on Pound's beginnings, the Conference participants followed the poet's *periplum* to Spain, a country where in 1906 he came to study to become a Hispanist. Planning to write his doctoral dissertation on the theater of Lope de Vega, Pound obtained a summer fellowship which allowed him first to travel to Madrid to consult Lope's manuscripts in the Royal Palace and other libraries there. The 28th EPIC, 25–29 June 2019, was the first to be held in Spain, a country linked both to the beginning and the end of his Pound's career. Taking as its title, "Ezra Pound & the Spanish World," the conference highlighted especially the Spanish dimension of Pound's work, aspects related to Spanish history, literature, art, music, politics, and philosophy, including discussions and textual analysis of his poetry, prose, translations, biography, comparative studies, literary or political influences, letters, and historical matters, as well as Pound's impact on Spanish-speaking and other writers worldwide.

It also happened that the 28th EPIC took place at the University of Salamanca at a very special moment in its own history. As the fourth oldest university in Europe, it had just celebrated eight hundred years since its foundation in 1218. To be sure, the University of Salamanca was the first institution to defend human rights in the world through the famous *Escuela de Salamanca*, led by the Dominican theologian Francisco de

Vitoria. The University is also linked to Columbus's voyages to the New World and to the creation of the first Grammar of Spanish Language (1492) by Antonio de Nebrija (1444–1522). Over the centuries it has attracted famous mystics, writers, musicians, philosophers, and humanists, including Fray Luis de León, Francisco Salinas, Miguel de Cervantes, Saint John of the Cross, Santa Teresa de Jesús, Luis de Góngora, Francisco de Quevedo, Calderón de la Barca, Lope de Vega, and Miguel de Unamuno, to name a few. The university also served as the home of the first women university students and professors: Beatriz Galindo (1465–1534), Spanish Latinist and scholar, was the tutor of the children of Queen Isabella of Castile, including Catherine of Aragon, the future wife of Henry VIII of England, and Juana of Castile, the future wife of Philip I of Castile (Philip the Handsome) who brought the Habsburg line to Spain upon their marriage. Beatriz Galindo and her colleague, Lucía de Medrano (1484–1527), became the first women related to the university, together with Saint Teresa de Jesús, proclaimed doctor of the church (1970) and first woman doctor honoris causa of the University of Salamanca in 1922.

More recently, the University of Salamanca is the birthplace and abiding soul of American Studies in Spain. In 1971, Salamanca became the first university in Spain to introduce American Literature into the curriculum, under the direction of Professor Javier Coy (1936–2019), a founding father of the English Department (where he also served as Dean of the Faculty of Letters). He introduced American literature in the curriculum and founded the Spanish American Studies Association in 1994. A wide-ranging academic, Professor Coy was not only a scholar of Henry James and William Faulkner, but he initiated Ezra Pound studies in Spain. A wonderful scholar, a generous teacher, and "il miglior fabbro," he looked forward to and rejoiced in the celebration of the Pound Conference in Salamanca. Sadly, though, he could not enjoy this fruition of the Poundian studies he himself had initiated, as he died on Saturday, June 22, 2019, just two days before the conference opened. Among his many other contributions, Coy left behind his magnificent, irreplaceable bilingual annotated critical edition of Pound's first 84 Cantos, conceived as *Los cantares completos*, which he had not had time to finish, but which he published with Cátedra Press in Madrid in the Spanish translation of Pound's poetry by José Vázquez Amaral. It remains for others to continue his legacy.

In his 1906 visit to Spain, Pound did not make it to Salamanca, though he visited both Madrid and Burgos, some 200 km from Salamanca, and in many ways he is related to it. In 1921, Pound wrote in his essay, "Some Notes on Francisco de Quevedo Villegas": "the vitality of Spain runs in the Poema del Cid … in Calisto and Melibea, in Rojas, in the invention of Lope, in Cervantes."[1] In a fascinating way, all these names heralded in Pound's great Spanish tradition are linked to Salamanca, especially, Fernando de Rojas (d. 1541), author of *The Comedy of Calisto and Melibea* or *La Celestina* (1499), which marks the beginning of the Spanish Renaissance. The action in this tragicomedy is set in a garden behind the Cathedral, in the heart of Salamanca. Similarly, the origins of the novel which Cervantes perfected can be found in *Lazarillo de Tormes* (1554), the first picaresque novel, an anonymous text whose action unfolds in Salamanca. A statue of the young boy's initiation into life as a servant of a beggar is one of the city's most emblematic monuments, gracing the Roman bridge. Furthermore, in *The Spirit of Romance*, Pound writes of the importance of Juan del Enzina (1468–c. 1529), a composer, poet, and playwright born in Salamanca, considered the founder along with Gil Vicente of Spanish drama: Enzina's works mark the transition from the ecclesiastical to the secular stage, and his lyrical *Cancionero*, influenced by the Celestina, includes a treatise *"Arte de trobar"* on the poetic art in Spain. He is buried in the city's Cathedral, and today, the university's theatre hall bears his name. Nor does Pound forget another well-known actor and playwright, Lope de Rueda (1510–1565), whom Cervantes and Lope de Vega refer to as the forerunner of the Golden Age of theatre, nor the poet Juan de Mena (1411–1456), one of the most significant Spanish poets of the fifteenth century, a humanist and chronicler of Enrique IV of Castile, brother of Queen Isabella, who himself was also educated in Salamanca.

As significant as the impact of Spanish culture was on Pound, so has his own legacy been in Spain and the Hispanic World. Indeed. Spain was the first country in the world to erect a monument to Ezra Pound, inaugurated in the small village of Medinaceli on May 15, 1973, on St Isidor's day, the day which marks the town's celebration of their patron saint with an annual festival. On this day, a group of Chilean and Spanish poets, including Fernando Toro Garland (Chile, 1925–2017), Miguel Serrano

(Chile, 1917–2009), Eugenio Montes (Spain, 1900–1982), and Jaime Fer-
rán (Spain, 1928–2016), joined with Olga Rudge, who was 78 years old at
the time, to attend this historic event. A plaque on a stone under an aged
tree recalls in bronze letters Pound's longing for Spain, when in the last
years of his life he asked Montes, "aún cantan los gallos al amanecer en
Medinaceli?", a line from El Cid which Pound considered the most beauti-
ful of all in Spanish poetry.

In recent decades, the EPIC has established a tradition during its
conference of celebrating Pound with a poetry reading, to which the pres-
ent anthology bears witness. The reading itself took place on Thursday,
June 27, 2019, in the sumptuous Aula Magna of the Anaya Palace, a grand
structure built between 1697 and 1767 and named in honor of Diego
Anaya y Maldonado (1357–1437), a relevant cleric and patron of culture
in Salamanca. During the Napoleonic war, 1807–1813, when Salamanca
was under French occupation, the general Paul Thiébault established his
headquarters in the Anaya Palace, more precisely in the very lecture hall
in which the poetry reading took place. This collection derives from that
reading dedicated to Pound. Influenced by his poetics, it takes as its title,
"Song Up Out of Spain": Poems in Tribute to Ezra Pound" / 'Canción desde
España": Poemas en homenaje a Ezra Pound, drawing from Canto 8, where
Pound refers to Guillaume Poictiers, duke of Aquitaine (1071–1127), the
troubadour who introduced Spanish music and verse to France:

> And Poictiers, you know, Guillaume Poictiers,
>   had brought the song up out of Spain
> With the singers and viels. (8/32)[2]

As bilingual, this anthology includes 29 poets, 13 of whom write in
Spanish and 16 of whom are Anglophone. Unfortunately, for various rea-
sons, not all these poets could attend the conference, the last EPIC of the
pre-pandemic era, to read in the Aula Magna. But they nonetheless sent
their poems to be read in absentia. This was the case for the Spanish-
speaking poets, Ernesto Cardenal, José María Álvarez, Jordi Doce, Julián
Herbert, Luis Alberto de Cuenca and Juan Antonio González-Iglesias,
as well as for the English-speaking poets, Justin Kishbaugh, Alec March,
David Moody, and Clive Wilmer. Also, among the Spanish poets, two

are deceased – Gonzalo Rojas Pizarro and Jorge Guillén – and sadly, Cardenal has died since this collection went into production. But these poets clearly merit inclusion because of their significant contributions to Pound's legacy.

In truth, Pound's influence on the Spanish speaking world has been immense. A survey of his impact would amass shelves of books, sufficient to compose libraries. Perhaps Pound's most vocal disciple has been the Nicaraguan Cardenal (1925–2020), a Catholic priest who embraced Marxist Liberation theology and became a member of the Nicaraguan Sandinista Front (FSLN), as well as Nicaragua's Minister of Culture (1989–1997). Despite their devotion to the revolution, many of the early revolutionaries, including Cardenal, became disillusioned by the regime they implemented. Disenchanted by Daniel Ortega's authoritarian regime which he had helped to create, Cardenal came to prefer "an authentic capitalism" to a false revolution. As significantly, Cardenal was also a passionate translator and emphatic proponent of Pound in the Spanish speaking world. He considered Pound his alter-ego, an American brother who had been crushed by U.S. imperialism in the same way in which he and the Iberian-American populations had been oppressed. Awarded the Reina Sofia Prize for Iberian-American Poetry (2012) by the University of Salamanca, the highest poetic distinction in Spain, Cardenal is regarded among the most prominent contemporary Hispano-American poets, one whose work is read as a continuation of Pound's Cantos. Indeed, one can say that he has transposed the American epic into a Hispano-American context in which he, like Pound, projects in *Canto cósmico* (2012) his own vision of the origin of the universe, life, economics and politics. In June 2019, during the EPIC, at 95 years old, Cardenal's frail condition prevented him from embarking on a transatlantic trip. Because he could not attend, he sent a message to Spain instead, indicating which of his poems he wanted to be read. He wrote,

> I welcome this opportunity to emphasize the importance of Ezra Pound, the greatest poet of our century, not only in the English language. Like Whitman he renovated poetic language. For me his most important teaching was his demonstration that everything on any subject can be written in verse as in prose. His

novelty is most appreciated in his masterful CANTOS, his political opinions being something irrelevant.[3]

Cardenal is not the only Spanish-American poet linked closely to Pound. Another, the Chilean Gonzalo Rojas Pizarro (1916–2011), is considered one of the greatest Hispano-American poets of the 20th century, a member of the '38 Generation and of the Hispanic avant-garde, who in Carlos Fuentes's words belongs to "the great lyric arch" (starting with Rubén Darío, Leopoldo Lugones, Vicente Huidobro, Pablo Neruda, José Gorostiza, and César Vallejo through to José Lezama Lima and Octavio Paz). Like Cardenal and most recently, Antonio Colinas, Rojas is also a laureate of the Reina Sofía Prize of Iberian-American Poetry (Salamanca 1992). Influenced by the Spanish mystics and classical Greek and Latin poets, his expressionist and surrealistic poetry bears the mark of Poundian poetics. In one of his most famous poems included here, "Don't Copy Pound," Rojas makes an ironic apology for Pound's technique. Full of admiration, as if he were addressing posterity, in this poem Rojas passionately sums up the essentials of Pound's craft, labelling him the "marvellous copycat" whose epic he dubs "the great palimpsest of the One," alluding to Canto 116 and the many languages in which Pound guides us "to see" "the numberless at the bottom of the unnameable." "To see" recalls Pound's adage, "to 'see again' / the verb is 'see,' not 'walk on'" (116/816), and Rojas's phrase, "that which we truly love," further echoes Pound's declaration in *The Pisan Cantos*, "What thou lovest well remains, / the rest is dross / What thou lov'st well shall not be reft from thee / What thou lov'st well is thy true heritage" (81/540–41). In his evocation reminiscent of Shakespeare's famous speech by Brutus in tribute to the slain Julius Caesar yet also evoking Rilke's "Letter to a Young Poet," Rojas moves from apparent rejection to a fervent plea to preserve the fragile flame of Pound's accomplishment: "do not plunder him," "do not steal the shadow / from the sun," he demands, urging "the fickle generations / that come and go like the dust" to "think of the canticle."

In his "Ezra," Julián Herbert (b. 1971), the contemporary Mexican poet and novelist, envisages an imaginary conversation with Pound's ghost, "the lion of the Latin Quarter," who emerges from darkness only to watch "the folds of the Zapalinamé mountains" recalling "Francesca," Pound's early poem recounting a love encounter with Francesca da Rimini, Dante's heroine sentenced for her marital infidelity to live in the second circle of hell in the *Commedia*. In Herbert's poem, the atmosphere is just as intimate as "an instant / of well-being when the shadows / descended on all forms." Herbert's beloved "Anabel" (a clear hint to Poe's "Anabel Lee") ultimately merges with Botticelli's ageless Beatrice Portonaris, as the poet employs a quiet conversational tone to confess to his mentor his divided allegiances: "I love a slave girl /... / While I dream of the soft, cool whiteness of my wife," expressing an ambiguity that recalls Catullus's "I love and hate / You ask how can that be." For Herbert, however, this timeless theme which Pound's ghost takes up meta-poetically requires *"working with material / that wasn't in the Commedia."* While the postmodern Herbert goes on to ask his predecessor American poet's forbearance for using "my reprobate Latin learned in Perales," he meanwhile sketches Pound's "wrinkled face" with its "eyes / of the old lion photographed in black and white" depicted as "twin beatrice portonaris." Blending the mythical with the documentary, the transcendent with the trivial, Pound's disciple intrinsically honours the great lesson of "il miglior fabbro" who taught him and so many other poets to weave "the warp of the evanescent," to use Rojas's formulation.

Of the Spanish poets, Jorge Guillén (1893–1984), one of the most cel-ebrated poets of the Generation of '27 and a direct descendant of Juan Ramón Jiménez, initiates his tribute to Pound with his poem, "Ezra Pound: Motive," dedicated to Vanni Scheiwiller, the publisher of Pound's later Cantos. Guillén, residing at the time in Italy, met Pound in the late 1960s at the Spoleto Festival. As a poet, he writes in the wake of Pound's Imagist poetics, especially evident in his own works' suppression of the decorative in favor of thematic concentration. In this brief poem, an paradigm of Pound's dictum, "Dichtung = condensare,"[4] Guillén blends the sacrosanct idiom of St. John of the Cross ("silent waters," "quiet woods," "quiet seas") with Pound's classical austerity in such poems as "A Girl" and "Doria," the latter with its hermetic inflections of the lover praying to his bride, "be in me as the eternal moods / of the bleak wind, and not /As transient things are / Gaiety of flowers,"[5] recreated in Guillén's lines, "I beheld a light wind. It searched for me / Through quiet seas. / Into the foliage of dreary lands / I followed my path." In addition, unlike the cosmic pessimism predomi-nant in other poets of his generation, such as Vicente Aleixandre, Guillén shares with Pound a vibrantly confident view of being.

Beyond these poets, in Spain, Pound exerted a major influence on the *Poetas Novísimos* ("The Newest Ones"), a group of experimental poets in the 1970s also known as the Venetians. Like other younger poets throughout the world, this group took Pound and Eliot as their masters. Pound showed them how to break loose from the conventions of the prevailing "social poetry" that had been in vogue for three decades and whose style was becoming obsolete. Overall, the *Novísimos* adopted a fundamentally cosmopolitan and learned orientation, influenced by the Baroque poetry of Quevedo and Góngora. Two *Novísimos* poets spoke at the Pound Conference in Salamanca: Antonio Colinas (b. 1946), and Jaime Siles (b. 1951). When he was Keats's age, Colinas—a distinguished representative of this movement, awarded the Reina Sofia Prize for Ibero-American Poetry in 2016—was among those who sought Pound in Venice to pay their respect, recollected in his poem, "Meeting with Ezra Pound," recounting Colinas's encounter with Pound on May 22, 1971. Both in this remarkable poem and in "Offering" (also included here), Colinas speaks with an intimacy rendered lyrically almost defying each poem's breadth, as he expresses a resonant hope for a beauty—and majesty—to outlast our own time. Elsewhere Colinas also remembers his encounter with Pound in a short essay.

Years later, Juan Antonio González Iglesias (b. 1964), a distinguished contemporary poet and professor of Classics at the University of Salamanca, would retrace Colinas' steps in his visit to Pound's house at Calle Querini 252, near the Dogana in Venice's Dorsoduro district. In order to navigate, he took both Pound's and Colinas's poems as a guide, concluding that "A Poem is Better than Google Maps." Alluding to Pound's notion in his *ABC of Reading* of the *Odyssey*'s "periplum," as well as Homer's astute knowledge of medicine,[6] Igelsias aligns the adventure of discovery in seeking out Pound's abode with the adventure of reading poetry itself.

Both Colinas and José María Álvarez (b. 1942), experience Italy and especially Venice through their memories of Pound's life in Venice and the topography of the city while recalling the significant places where he lived, in a postmodern evocative mode similar to "Near Perigord" or Wordsworth's "Tintern Abbey." In his three Venice poems here, with their intricate interweaving of allusions to lines from early to late Cantos, Álvarez, the most Poundian poet of the *Novísimos*, uniquely evokes the very spirit of Pound, depicted as hovering still over the streets and canals of Venice, readily available for those who know where to look for him.

In 1985, Álvarez organized a bus trip with a group of Spanish poets—Antonio de Villena, Dionisia García, Antonio Enrique, Jaime Ferrán, Ricardo Barnatán, Rosa Pereda—to celebrate the centennial of Pound's birth, which comprised the first international tribute to Pound, endorsed by luminaries from across the globe. Among the great poets who signed this document in tribute to Pound were the Nobel Laureates Vicente Aleixandre, Camilo José Cela, Marío Vargas Llosa, Gabriel García Márquez, and Octavio Paz; signing with them were such other prominent Spanish and Spanish-speaking writers, as José Luis Borges (1899–1986), José Hierro, Claudio Rodríguez, Jaime Gil de Biedma, Ángel González, Julio Caro Baroja, María Zambrano, Rafael Alberti, and Miguel Delibes. Other politicians, writers, and intellectuals who signed: former Socialist Vice-President of Spain Alfonso Guerra (1982–1991) who also served as Vice-secretary of the Spanish Socialist Workers' Party (PSOE) (1979–1997); Fernando Savater, philosopher, founder of a now extinct political party Union, Progress and Democracy (UPyD) and member of several organizations engaged with peace in the Basque Country such as *Foro Ermua* and *Basta Ya!*; and internationally prized Spanish film director and screenwriter, Luis García Berlanga. Internationally, other signatories included writers and philosophers from across the world: Stephen Spender, Lawrence Durrell, Raymond Carr, Gregory Corso, Marguerite de Youcenar, Ernst Jünger, Alberto Moravia, Italo Calvino, Haroldo Campos, Heinrich Böll, Isabel Allende, William Burroughs, Robert Creeley and dozens of others, as well as celebrities such as Orson Wells, Federico Fellini, and François Truffaut, together with a long series of international figures and institutions, among which now the distinguished veteran Poundian, Walter Baumann, stands out. A 253-page record of this Spanish homage is found in José María Álvarez's *Treinta años después. Los que estuvimos allí. Homenaje a Ezra Pound.*[7]

Among the *Novísimos*, Alberto Luis de Cuenca (b. 1950) is perhaps Pound's most outspoken disciple. He debuted with his book, *Retratos* (1970), followed by *Elsinore* (1972), a collection characterized by a metaliterary, hermetic, multicultural, and refined style inspired by Pound's and Eliot's poetics. In both his poems here, "Religion and Poetry" and

"I Recall Bram Stroker," he directly evokes Pound in eloquent examples of his personal brand of the "trans-cultural," a poetics which merges the quotidian with the transcendent, interweaving high literature with pop culture. Whether casually juxtaposing Good and Evil as "the obverse and reverse of the same coin" or the Spanish Romantic poet José de Espronceda (1808–1842) with the fierce modernist Pound, de Cuenca ironically yet unabashedly celebrates the poet's joy in conveying "the tension / of the struggle in a relaxed world / that dispenses with heaven and hell."

Last but not least among the *Novísimos* is Jaime Siles, the youngest represented here, whose poetry recomposes the Homeric world from the renewed "Sextus Propertius" perspective of a contemporary "I," one who relives the prowess of the heroes of the past and filters their legendary world through a modern, skeptical consciousness keenly aware of the relevance of the past in its repeated contemporary enactment. In the two poems here, Siles makes new the ancient and brings to life again "the furious beating of hooves, another cloud of dust raised by manes," together with "Achilles still...fighting before / My eyes." Siles's verse not only measures the vital place of Homer's poetry as measured in our lives, but underscores the equally vital presence of our own lives themselves, as measured by Homer. Like Siles, Jeannette Lozano Clariond (b. 1949), a Mexican poet and editor of the famous Vaso Roto Press, traces the same awareness of the poet's powerful presence in "Three Pieties for Ezra Pound," her elegy for the American poet in which she evokes both Heraclitus and the Roman poet Virgil. In a quiet, yet impassioned voice, Lozano's poem confers her reader a hallowed invocation rising from behind "the veil / of reality," where a reader can discover the poet's vision of the gods as more alive in the imagination than in the world around us.

Of the younger generation, Mª Ángeles Pérez López (b. 1967), poet and professor of Spanish-American literature at the University of Salamanca, inscribes her poem, "The Puncheon" "with Ezra Pound," as she invokes Canto 45's denunciation of "usury instead of love," when in the face of a profit which "poisons the dawn, / the puncheon cries out joyfully / of hands that love work." Not surprisingly, Pérez López is also the editor of Cardenal's *Complete Works* and it was she who read the elder poet's message to the audience at the Aula Magna reading in Salamanca.

Jordi Doce (b. 1967), one of Spain's most recognized poets today, as well as a promoter and fine analyst of Anglo-American poetry, dedicates three of his poems to Pound, in one of which, "Translator," he avows an office which defines them both. Doce's poems pay tribute to the *personal* voice which Pound practices and celebrates—the *individual* voice found in a poem's intricate formal design. The younger poet further looks behind the powerful, almost meteorological presence of the *Poetry* to uncover the poet revealing himself at work on his art, as for example in "Translator," which closes the sequence with compassion and pathos for that singular voice.

As the youngest Spanish poet present in this anthology, Natalia Carbajosa (b. 1971), professor, poet and excellent translator, provides a "hard" imagistic vigor, and confessional annotation of landscape and meta-poetics of "le mot juste." In poems reminiscent of the Poundian influenced American poet, Lorine Neidecker (1903–70), whose austere poems Carbajosa has rendered into exquisite Spanish versions, her own work stands in awe of the sacred landscapes the poet encounters around her, like the water she discovers, an "expressive and spontaneous treasure that mocks all boundaries and rules."

The group of Anglophone poets, faithful Poundian EPIC participants for many years, enjoyed a robust presence at the Salamanca Poetry Reading. Still, in concert with their Spanish-speaking counterparts, these poets have also recreated the Spanish world in various ways, each extending a different dimension of Pound's sensibility. For instance, in his own indubitable voice, Rhett Forman (b. 1989) portrays the Spanish traces in the New World with a special nod to Salamanca. His poem, "The Turk and Coronado," evokes the 1540–1542 expedition led by Francisco Vázquez Coronado (1510–1554) a Spanish conquistador and explorer born in Salamanca. Adapting a documentary mode he learned from Pound, Forman treats historical material by plunging into his tale *in medias res*, and as with *The Cantos*, readers might benefit from a new Carroll Terrell guidebook to grasp the poem's references: Coronado embarked on a quest for the legendary Cities of Cibola (the Seven Cities of Gold), which he did not find, but he was the first European to discover the Grand Canyon and the Colorado River, as he traversed the Southern part of what is now

New Mexico, Texas, Arizona, and Kansas in the U.S. In a brazen, sardonic voice, reminiscent of Pound's in his Vorticist poems, Forman's poem refers to Coronado's guide, most probably a Pawnee, nicknamed "the Turk," who deceived Coronado by leading him astray towards the Great Plains where he was executed by Hernando de Alvarado, Coronado's captain, at Cañon Blanco. Forman's other two poems, "Pine Hill Nocturne" and "Bad Medicine Where the Staked Plains Meet the Sky," reproduce the Indian dialect while they render anew the world of the Navajos and Kit Carson.

Both John Beall (b. 1953) and Alec Marsh (b. 1953) surprise us with poems in which we see another aspect of these two scholar's sensibilities, which bear the mark of Pound's direct influence on their work. Both poets focus on Pound's visit to Madrid's Prado museum and, in different ways, create perceptions of Spain filtered through the eyes of the young Pound during his Spanish visit in 1906, as retold years later in both *Guide to Kulchur* and Canto 80:

> and Las Meniñas hung in a room by themselves
> and Philip horsed and not horsed and the dwarfs
>   and Don Juan of Austria
> Breda, the Virgin, Los Borracchos
>   are they all now in the Prado?
> y Las Hilanderas? (80/513)

Inspired by his 2019 visit to the Prado, Beall observes in great detail Goya's *Self-Portrait at the Prado*, noting ironically, in the manner of Pound's own evocation of Spanish paintings, how Goya's portrait "might fit in Velázquez's boot / In *Surrender at Breda.*" On the other hand, while Marsh creates his own ekphrastic *Self-Portrait* of Goya, a painter Pound does not mention in *The Cantos*, he imagines his own visionary experience of, as the poem's title indicates, "Pentimenti: What Young Ezra Pound Saw in the Prado." Indeed, *pentimenti*, an Italian term, means (according to *Webster's*) "the reappearance in a painting of an original drawn or painted element which was eventually painted over by the artist." By inventively repeating Pound's visit to the museum, Marsh's poem seeks to unearth, in documentary fashion, Pound's perception of these same paintings, specifically Diego Rodríguez de Silva y Velázquez's famous *Meninas*, as Marsh mentions the same paintings Pound saw in 1906, *Las Hilanderas* (1657), *Las Meninas* (1656), *The Surrender of Breda* (1634-35), the anonymous painting of *Don Juan de Austria* (c. 1632), and the many other canvasses of King Philip IV: "And Philip, Philip, Philip: / pale Philip in black armor, Philip on foot / with his hunting gun and borzoi; / *Philip on Horseback*," lines that echo Pound's evocation of the boring workaday activities, "Pick ferns, pick Fern, / Ferns are sprouting" in "Song of the Bowmen of Shu." The "pentimenti," the surfeit of Philips, and the tone of Marsh's poems all hint at the subliminal anti-monarchical feeling he shares with Pound, in his impatience with so many royal portraits. Yet Pound and Marsh did not quite see the same paintings, as the display of the Velázquez canvases in 1906 was different from that of the twentieth and twenty-first centuries, because before 1915, when the Prado rearranged the display, *Las Meninas* had a room exclusively to itself. In Marsh's second poem, "Taking Leave a Friend," he recasts the pentimenti style again in transposing Pound's original translation of Rihaku's (Li Po's) poem in *Cathay* onto a postmodern episode in an American landscape "on the road to Texas" across the "misty Appalachians," and by "the viscous Mississippi."

Returning to a European setting, "La Fanciulla," by Silvia Falsaperla (b. 1958) recreates the magic atmosphere at Brunnenburg Castle in the Tyrol, home to Pound's daughter, Mary de Rachewiltz, to whom this poem is dedicated. The poem is a hymn to Mary, her trilingual experience in the Sudtirol, and her filial love, paying tribute to how she maintains the legacy of the revered poet and infuses his manuscripts and mementos with life. In contrast, Falsaperla's "WCW: Rutherford, NJ" recreates Pound's best friend and companion poet, William Carlos Williams, in his own local American universe of Rutherford, New Jersey, thereby capturing the transnational reach of both Pound and Williams. Like Falsaperla, Jeff Grieneisen (b. 1970) also pays tribute to Mary de Rachewiltz in "My Son Meets a Princess: A Brunnenburg Tale," as he captures memories of the famous Pound Summer Schools at the Castle in the Italian Alps, where, quite literally, De Rachewiltz blesses the poet and his wife as young parents for how "we made it new with Valentino / as Pound made it new with her." The poem reveres the princess' hope that their child "will keep old traditions alive." Then in a second poem, "Pound. An Understanding," Grieneisen demonstrates one way how that tradition prevails, by way of the poem's own pastiche of compiling a compendium of memorable Poundian phrases, ("Pull down thy vanity," "beauty is difficult," and "art is beauty") that come to permeate, if not shape, the diurnal life the poem portrays.

Conversely, in poems drawn from Barbara Guest's biography of H.D., H.D.'s fictional accounts of her early life in suburban Philadelphia, and her late memoir, *End to Torment* (1958), Ron Smith (b. 1949) explores the intricate bond between Pound and H.D in poems that, through free association, carry on her imaginary, or maybe real, dialogues with him as a young woman. In "E.P. in the Garden," Smith employs the dramatic monologue to depict H.D.'s own sense of her isolation at home, which by his mere presence, the young Ezra implicitly, wondrously, challenges, sitting with her in a maple tree where "We sway / with the wind, with the clouds." But switching into a third person perspective to play out the same encounter, yet objectifying H.D. in "Hilda Was Too Tall for a Washable Frock," Smith balances the impulsive Ezra's aching to kiss her against H.D.'s own adolescent ache mixed with fear, not only of her parents and of her awkward height, but of Ezra's raucous antics, as the poem enacts the discordant intimacy that would haunt both poets the rest of their lives.

Other poems pull further away from Pound's familial ties to explore his social concerns. For example, Clive Wilmer (b. 1945) explores Pound's notion of economics in "The Law of the House," in which the poem's very syntax enacts the struggle to recover the past with the same precision central to Pound's own poetic project throughout his life. By way of contrast, however, in his second, elegiac poem on Pound's grave at San Michele cemetery in Venice, not unlike Guillén in "Ezra Pound: Motive," Wilmer employs sober and austere phrases, which "il miglior fabbro" would no doubt have appreciated, as this brief poem evokes the poignant quiet of the small corner that comprises the Evangelico section of the cemetery. Also found here is the work of a young, promising poet, Sean Mark (b. 1987), whose poem, "'A Negotiation,'" first analyzes in prose form the occasion of Pound's seventieth birthday when he was incarcerated at St. Elizabeths. Listing the names of all those friends and writers who undertook a pilgrimage to visit Pound in 1955, together with those elsewhere who united in calling for the poet's release, Mark's initial epigrammatic opening is followed by a lyric that raises questions about Pound's political beliefs, even as it captures the voices of those at the time who expressed their admiration for the poetry as well as (for some) their ambivalence over his association with Mussolini's government.

Besides these poems exploring Pound's history, predilections and sensibility, a remarkable number of poems reflect in their poetics the surprisingly durable stamp of Imagism, which Pound, almost offhandedly, introduced into modern poetry more than a century ago. Both David Cappella (b. 1953) and, Patrizia de Rachewiltz (b. 1950), for instance, each in their own way, adopt a haiku (or hokku) style of employing concrete details to render the intensity of their poetic experience. In his work, Cappella offers brief, vivid poems reminiscent of the style of a T. E. Hulme, as Pound admired and preserved him, in which an observation unfolds into a conceit—a snowfall as an image for time, four deer characterized as "a slow-motion haiku," and a "chaste green lawn" cast as "dark matter" that extends the Imagist technique into the age of galaxies and black holes. Similarly delicate in their precise observation and conception, the poems of de Rachewiltz, Pound's granddaughter, suddenly surprise a reader with their sheer, inventive turns from image to sentiment, juxtaposing in one poem a "Bird's nest made / Of twigs and hair" against "Your cold hand / On my breast," in another "My skirt around my waist" as "A sacrifice to the gods / The Dead not far away / I hear their whisper." With their inherent clarity and eloquence, De Rachewiltz's poems shimmer with the emotional poignance earned from a lifetime of thinking poetically without compromise.

The same imagistic precision that hints also of the postwar confessional style is evident in the short poems of David Moody (b. 1932), "Near Death" and "Printed on Snow." In contrast to Moody's early discursive poetry, politically complex yet with the same sharp, acerbic eye he is well-known for in his stunning prose, the poems here practice the Poundian virtues of exact notation of the fleeting moment, such as passages in *Drafts & Fragments* or in Yeats's late poems, translated in "hard," clean, diamondlike objective correlatives, as in two poems, "Swifts" and "While the pandemic rages," both of which convey with palpable cogency the quality of diminishing things. Justin Kishbaugh (b. 1977) follows a similar line in recreating the Greek world and its myths in Poundian fashion in which the ancient world is recast in modern times, including rhythmic lines, such as "By sandaled foot, they come through mountain pass, / padding gently upon moss and fern," that evoke in style and image Pound's "The Return." Elsewhere, with a nod to Frank O'Hara's elegy for Billie Holliday, Kishbaugh's ironic and elegiac "The Day Weapon Died" continues a deep Poundian and Eliotian passion for cats—Weapon is the name of his cat—though voiced in the sardonic tone of Pound's "The Tea Shop" or "Pagani's, November 8." Although recalling more Pound's *Cathay* than his *Lustra*, Chengru He (b. 1983) practices a comparable imagistic and confessional manner in "Four Kinds of Emptiness," steeped in learned allusions to Williams and Pound, where "the empty receives attention" and "each leaf / is light." On the other hand, He's "Persimmons" takes up the ineffable, distinct, yet untranslatable identity of one's native land, in what becomes a beautiful *ars poetica* for this young poet. And in "Father Came Home," she transposes the technique of imagistic annotation rooted in Pound's documentary mode to a moving *Cathay*-like poem of a broken father's return from a prison camp.

Among the other far-flung poets gathered in this collection readers may discover those driven in part, perhaps, by the abiding Poundian imperative to "make it new." Populated by ghostly figures like those who haunt not only Yeats's late poems and Pound's Pisan Cantos, but the intricate poems of Geoffrey Hill, the three poems here by Paul Scott Derrick (b. 1949) diversely evoke the natural details of various places with extraordinary acuity, capturing moments of evolution while bringing before the eye — in dreamlike fashion if not, in fact, derived from dreams—a werewolf in "Between," a "mineral façade with a mouth" (no less) in "Andromorph," and the phantom of the medieval figure of St. Kevin in Ireland in "Egress." Drawing from archives and legends, as so many of Pound's most dramatic passages do in *The Cantos*, these poems display the landmarks of Derrick's own mythographical territories, in forms that bifurcate or take shape according to their subjects. Yet they remain plainspoken, as though the accounts of an astonished tourist of the occult. In his poems, taking, it seems, as much from Pound's early melopoeic experiments as from his adaptive translations of Guido Cavalcanti's canzoni, John Gery (b.1953) delves into the intricacies of the formal lyric in three poems here, two composed in the voices of birds, offering a new variation of the dramatic monologue as

Pound drew it from Robert Browning. To be sure, "The Second Bird in the Bush" plays less off any specific species of bird than off the commonplace motto, "A bird in hand is worth two in the bush," while "American Goldfinch" combines image and rhyme to give a voice to this brightly plumed bird who wishes, "I might strike, / old as I am, a pose less, // imposing, though like an elm, / indispensable to her." Also engaging fowl, Gery's "At Dusk" addresses conditions even more metaphysical, when, like Derrick, the poet confronts his demons, lurking nearby, recognized much as the "new subtlety of eyes into my tent" whom Pound identifies in Canto 81.

Finally, Tony López (b. 1950), as he has been doing throughout his career, explores perhaps more than any of the poets in this collection the dynamic interplay of language, form, and semiology by which Pound made his most demonstrative mark as a modernist, anticipating the language play of the postmodernists by more than half a century. Whereas with *The Cantos* readers become acclimated to Pound's technique of the pastiche, the "ply over ply" or ideogrammic method, the juxtapositioning not only of phrases and tropes, but of allusions, languages, and images, Lopez's readers have also come to recognize his signature style – evident less in patterns of phrasing in variable languages, of changing historical settings, or of contrasted allusions, than in patterns of English texts and idioms that strike different registers. While not so graphically noticeable as Pound's epic technique, Lopez's lines—as in "Living Systems," a trademark Lopez poem—nonetheless display a rich mixture of resonant lines that accumulate yet build by way of their contrasts, in a postmodern voice falling into the legacy of not only Pound's prosody but the syntactically energetic work of Gertrude Stein. Lopez's other contribution to this volume, on the other hand, is surprisingly centered for this poet, as he offers a poem on walking, a familiar Poundian practice and motif, as it were, recalling not only poetic pilgrimages featured throughout Pond's poetry, but Pound's prose, as gathered in such works as Richard Sieburth's *A Walking Tour of Southern France: Ezra Pound among the Troubadours*, as Lopez quietly recalls his past:

> Was it in Lambert Road or Blenheim Gardens?
> My brother David's arm bent the wrong way
> on the bombsite – a big hump of rubble

and loose fence over the hiding spaces
fought for with sticks and stones but held
for a brief time only. I thought there would
be trouble when we got home at last.
I walked back to see where we came from
so long after. It is something to remember.

Almost three decades after his visit as a student to Madrid and to the Prado in 1906, Pound recalls that early visit in *Guide to Kulchur*. In the middle of "Chapter 16. Europe or the Setting," on the heels of a discussion of "grace that stopped not an instant in sweeping over the most violent authority of her time and…that vigour which is a grace itself," Pound thinks of the Prado and boasts, "For 31 years I have carried in my mind as a species of rich diagram, the Prado as I saw it, and heaven knows if my readers will ever see it again."[8] Pound then provides a detailed guide of the rooms in Spain's famed museum where his reader can find the paintings of the Spanish Golden Age artist, Diego Velázquez (1599–1660). Something similar might be said about these Spanish and Anglophone poets to be found in the constellation of Pound's own prevailing legacy into the twenty-first century. With their range of voices, far-flung locales across Europe and the Americas, and remarkably diverse talents as poets, they truly comprise "a species of rich diagram" in a collection of verse that, in its acknowledgment of Pound, bestows the reader with a rich literary pageantry. As collected here, these poets offer work by which to remember not only the reading at the Aula Magna in Salamanca in 2019 – in a city which, as Cervantes said, "enchants all those who have tasted the gentleness of its way of life with the yearning to return to it"[9]—but a Poundian imprint of our own age.

NOTE ON THE TRANSLATIONS: Unless otherwise indicated, all poems here, whether translated from Spanish to English or from English to Spanish, have been translated by Paul Scott Derrick, Natalia Carbajosa, and Viorica Patea.

Notes

1 Ezra Pond, "Some Notes on Francisco de Quevedo Villegas," *Hermes* V.69 (March 1921), 199–213. Repr. in *Ezra Pound's Poetry and Prose*, Vol. XI: Addenda and Index, ed. Lea Baechler, A. Walton Litz, James Longenbach (New York: Garland Publishing, Inc., 1991), 14.

2 Ezra Pound, *The Cantos*, (New York: New Directions, 1993). Further references to this text are indicated in parentheses by Canto number and page number—in this case, Canto 8, page 32.

3 "Me alegra esta oportunidad para recalcar la importancia de Ezra Pound como el poeta más grande de nuestro siglo, no sólo en la lengua inglesa, renovador de esta lengua como Whitman lo fue en su tiempo, y para mí su enseñanza más importante fue de que puede escribirse en verso de cualquier tema igual que la prosa. Y donde más se aprecia su novedad es en su magistral CANTOS, siendo sus opiniones políticas algo irrelevante."

4 Ezra Pound, *ABC of Reading* (New York: New Directions, 2010 [1934]), 36.

5 Ezra Pound, *Personae: The Shorter Poems of Ezra Pound*, ed. Lea Baechler and A. Walton Litz (New York: New Directions, 1990), 58, 64.

6 Ezra Pound, *ABC of Reading*, 43–44.

7 José María Álvarez, *Treinta años después. Los que estuvimos allí. Homenaje a Ezra Pound*, (Valencina de la Concepción: Ediciones Ulises, 2017).

8 Ezra Pound, *Guide to Kulchur* (New York: New Directions, 1968 [1938]), 109–110.

9 "Salamanca, … enhechiza la voluntad de volver a ella a todos los que de la apacibilidad de su vivienda han gustado." "Licenciado Vidriera," *Novelas ejemplares*, (1613) https://es.wikisource.org/wiki/El_licenciado_Vidriera:_01

Introducción

"A modo de valioso esquema": El legado de Pound en los poetas en lengua española e inglesa

Viorica Patea y John Gery

Tras el vigésimo séptimo Congreso Internacional Ezra Pound celebrado en 2017 en Filadelfia, y dedicado a los comienzos del poeta, los asistentes al mismo siguieron el periplo del poeta hasta España, un país en el que recaló en 1906 para convertirse en hispanista. Con el objetivo de preparar su tesis doctoral sobre el teatro de Lope de Vega, Pound obtuvo una beca de verano que le permitió viajar a Madrid para consultar los manuscritos de Lope en el Palacio Real y en otras bibliotecas. El vigésimo octavo congreso Ezra Pound (del 25 al 29 de junio de 2019), fue el primero que tuvo lugar en España, país relacionado tanto con los comienzos como con el final de la carrera literaria de Pound. Con el título "Ezra Pound y el mundo español", el congreso se centró sobre todo en la dimensión española del mundo poundiano y en aspectos relacionados con la historia de España, así como su literatura, arte, música, política y filosofía. Incluyó sesiones y análisis textuales sobre poesía, prosa, traducciones, biografía, estudios comparados, influencias literarias y políticas, cartas y asuntos históricos, además de abordar el impacto de Pound en poetas en lengua española y en escritores de todo el mundo.

Por otra parte, el vigésimo congreso Ezra Pound fue organizado por la Universidad de Salamanca en un momento muy especial de su propia historia. Siendo la cuarta universidad más antigua de Europa, se acababan de cumplir ochocientos años desde su fundación en 1218. Es un hecho que la Universidad de Salamanca fue la primera institución que defendió los derechos humanos en el mundo gracias a la famosa Escuela de Salamanca, liderada por el teólogo dominico Francisco de Vitoria. La universidad guarda además relación con los viajes de Colón al Nuevo Mundo y con la creación de la primera Gramática de la Lengua Española (1492) por Antonio de Nebrija (1444-1522). A lo largo de los siglos ha sido foco de atracción de místicos, escritores, músicos, filósofos y humanistas célebres, entre los que se encuentran Fray Luis de León, Francisco Salinas, Miguel de Cervantes, San Juan de la Cruz, Santa Teresa de Jesús, Luis de Góngora, Francisco de Quevedo, Calderón de la Barca, Lope de Vega o Miguel de Unamuno, entre otros muchos. La universidad también ha sido la casa de las primeras estudiantes y profesoras universitarias: Beatriz Galindo (1465-1534), latinista e investigadora española, fue tutora de los hijos de la reina Isabel de Castilla, incluyendo a Catalina de Aragón, futura esposa del rey Enrique VIII de Inglaterra; y a Juana de Castilla, la futura esposa de Felipe I de Castilla (Felipe el Hermoso), quien aportó la casa de Habsburgo a la corona española con su matrimonio. Galindo y su colega Lucía de Medrano (1484-1527) fueron las primeras mujeres del ámbito universitario junto con Santa Teresa de Jesús, que fue proclamada doctora de la iglesia en 1970 y se convirtió en la primera mujer Doctor Honoris Causa de la Universidad de Salamanca en 1922.

Desde tiempos más recientes, la Universidad de Salamanca constituye el lugar de nacimiento y el alma permanente de los estudios norteamericanos en España. En 1971, Salamanca fue la primera universidad española en introducir la Literatura Norteamericana en el currículum bajo la dirección del profesor Javier Coy (1936-2019), padre fundador del Departamento de Inglés (donde también desempeñó el puesto de Decano de la Facultad de Filología). El profesor Coy incluyó la Literatura Norteamericana en el currículum y fundó la Asociación Española de Estudios Norteamericanos en 1994. Académico de extensa trayectoria, no solo fue un estudioso de Henry James y William Faulkner, sino que además inició los estudios poundianos en España. Excelente investigador y generoso docente, además de "il miglior fabbro", esperaba exultante la celebración del Congreso Ezra Pound en Salamanca. Desgraciadamente, no pudo disfrutar de este fruto de los estudios poundianos al que él mismo había contribuido, ya que murió el sábado 22 de junio de 2019, tan solo dos días antes del comienzo del congreso. Entre muchas otras aportaciones, Javier Coy nos dejó su magnífica e irreemplazable edición bilingüe y anotada de los primeros 84 Cantos de Pound, concebida como *Los cantares completos,* que no tuvo tiempo de terminar pero que publicó en la Editorial Cátedra en Madrid con la traducción al español de la poesía de Pound de José Vázquez Amaral. Es tarea de otros continuar con su legado.

En su visita a España de 1906, Pound no llegó a poner el pie en Salamanca, pero visitó Madrid y Burgos a unos 200 kilómetros de esta ciudad, y se encuentra relacionado con ella de distintas maneras. En 1921, Pound escribió en su ensayo "Notas sobre Francisco de Quevedo Villegas": "la vitalidad de España corre por el Poema del Cid . . . en Calisto y Melibea, en Rojas, en la invención de Lope, en Cervantes"[1]

Sorprendentemente, todos los nombres proclamados por Pound dentro de la gran tradición española guardan relación con Salamanca, sobre todo Fernando de Rojas (d. 1541), autor de *La tragicomedia de Calisto y Melibea* o *La Celestina* (1499), obra que marca el inicio del Renacimiento español. En esta tragicomedia, la acción se desarrolla en un jardín detrás de la catedral, en el corazón de Salamanca. Asimismo, los orígenes del género novelesco que Cervantes llevó a su cima se encuentran en el *Lazarillo de Tormes* (1554), la primera novela picaresca, texto anónimo cuya acción transcurre en Salamanca. Uno de los monumentos más señeros de la ciudad es una estatua presidiendo el puente romano, la cual representa la entrada del joven protagonista en la vida adulta como criado de un mendigo. Por otra parte, en su ensayo *The Spirit of Romance,* Pound escribe sobre la importancia de Juan del Enzina (1468–cc 1529), compositor, poeta y dramaturgo nacido en Salamanca, considerado el fundador del teatro español junto con Gil Vicente. Las obras de Enzina señalan la transición de la escena eclesiástica a la secular, y su *Cancionero* lírico, con influencias de *La Celestina,* incluye el tratado "Arte de trovar" sobre el arte poética en España. Está enterrado en la catedral de la ciudad, y la sala de teatro de la universidad lleva hoy su nombre. Pound no se olvida de otro actor y dramaturgo conocido, Lope de Rueda (1510–1565), a quien Cervantes y Lope se refieren como el precursor del Siglo de Oro del teatro; ni de Juan de Mena (1411–1456), uno de los poetas españoles más importantes del siglo XV que también fue humanista y cronista de Enrique IV de Castilla, hermano de la reina Isabel y él mismo formado en Salamanca.

El impacto de la cultura española en Pound fue tan relevante como lo ha sido su propio legado en España y el mundo hispano. España fue el primer país del mundo que erigió un monumento a Ezra Pound, inaugurado en el pequeño pueblo de Medinaceli el 15 de mayo de 1973, día de San Isidoro, fiesta patronal del lugar y fecha de su festival anual. Ese día, un grupo de poetas chilenos y españoles entre los que se encontraban Fernando Toro Garland (Chile, 1925–2017), Miguel Serrano (Chile, 1917–2009), Eugenio Montes (España, 1900–1982) y Jaime Ferrán (España, 1918–2016) acompañaron a Olga Rudge, que por entonces tenía 78 años, en este acto histórico. Una placa sobre una piedra y bajo un árbol centenario recuerda en letras de bronce la nostalgia de Pound por España cuando, en los últimos años de su vida, preguntó a Montes: "¿aún cantan los gallos al amanecer en Medinaceli?", verso del *Poema del Cid* que Pound consideraba el más bello de toda la poesía española.

Desde hace unas décadas, el Congreso Ezra Pound ha establecido la tradición de recordar a Pound con un recital poético, lo cual atestigua la presente antología. Dicho recital tuvo lugar el jueves 27 de junio de 2019 en la magnífica Aula Magna del Palacio de Anaya, un espléndido edificio construido entre 1697 y 1767, llamado así en honor de Diego Anaya y Maldonado (1357–1437), importante clérigo y mecenas de la cultura en Salamanca. Durante la guerra napoleónica entre 1807 y 1813, cuando Salamanca se hallaba bajo la ocupación francesa, el general Paul Thiébault estableció su cuartel general en el Palacio de Anaya, concretamente, en la misma sala de conferencias en la que tuvo lugar el recital poético. Esta colección es fruto de dicho recital y rinde homenaje a Pound. Bajo la influencia de su poesía, se ha titulado "Canción desde España: poemas en homenaje a Ezra Pound", título que remite al Canto 8 en el que Pound se refiere a Guillaume Poictiers, Duque de Aquitania (1071–1127), trovador que introdujo la música y el verso español en Francia:

> Y Poictiers, ya lo saben, Guillaume de Poictiers,
> > Había llevado la canción a España
> Con los cantantes y vielas. (8/223)[2]

Esta antología bilingüe incluye 29 poetas, de los cuales 16 son anglófonos y 13 escriben en español. Desafortunadamente, por diversas razones no todos los poetas pudieron asistir al congreso, el último de la época pre-pandemia, ni leer en el Aula Magna. No obstante, enviaron sus poemas y estos fueron leídos *in absentia*. Ese fue el caso de los poetas en lengua española Ernesto Cardenal, José María Álvarez, Jordi Doce, Julián Herbert, Luis Alberto de Cuenca y Juan Antonio González-Iglesias, así como Justin Kishbaugh, Alec March, David Moody y Clive Wilmer de la parte en inglés. Además, entre los poetas españoles se contaban dos ya fallecidos – Gonzalo Rojas Pizarro y Jorge Guillén – y, tristemente, Cardenal murió mientras se preparaba esta antología. Pero estos poetas se merecen sim ambages ser incluidos por su significativa aportación al legado poundiano.

Indudablemente, la influencia de Pound en el mundo hispanohablante ha sido inmensa. Un estudio sobre dicha influencia ocuparía estanterías enteras de libros o, más bien, bibliotecas enteras. Su discípulo más abiertamente reconocido acaso haya sido el poeta nicaragüense Ernesto Cardenal (1925–2020), sacerdote católico que se unió a la Teología de la Liberación y llegó a ser miembro del Frente Sandinista de Nicaragua (FSLN), así como ministro de cultura en el país (1989–1997). A pesar de su entrega a la Revolución, muchos revolucionarios de primera hora, entre ellos el propio Cardenal, se fueron decepcionando con el régimen que surgió de esta. Desencantado con el régimen autoritario de Daniel Ortega que había ayudado a crear, Cardenal llegó a preferir un "capitalismo auténtico" a una revolución falsa. Llama la atención el hecho de que Cardenal también fuera un traductor apasionado y un promotor entusiasta y admirador de Pound en el mundo hispano. Consideraba a Pound su alter-ego, un hermano norteamericano aplastado por el imperialismo yanqui del mismo modo que él y los pueblos de Iberoamérica lo habían sido. En 2012 la Universidad de Salamanca le concedió el Premio Reina Sofía de Poesía Iberoamericana, el galardón poético más importante en España. Cardenal se cuenta entre los poetas contemporáneos hispanoamericanos más prominentes, uno cuya obra se interpreta como continuadora de los *Cantos* de Pound. De hecho, se puede afirmar que ha transferido la épica norteamericana a un contexto hispanoamericano sobre el que proyecta, como Pound, y a través de su *Canto cósmico* (2012), su propia visión del origen del universo, la vida, la economía y la política. En junio de 2019, fecha del congreso y con 95 años, su frágil salud le impidió embarcarse en un viaje trasatlántico. Al no poder asistir, envió un mensaje para el congreso y dio indicaciones sobre qué poemas suyos quería que se leyeran. Escribió,

> Me alegra esta oportunidad para recalcar la importancia de Ezra Pound como el poeta más grande de nuestro siglo, no sólo en la lengua inglesa, renovador de esta lengua como Whitman lo fue en su tiempo, y para mí su enseñanza más importante fue que puede escribirse en verso de cualquier tema igual que la prosa. Y donde más se aprecia su novedad es en su magistral CANTOS, siendo sus opiniones políticas algo irrelevante.

Cardenal no es el único poeta hispanoamericano estrechamente vinculado con Pound. El chileno Gonzalo Rojas (1916–2011), miembro de la Generación del 38 y de la vanguardia hispana, está considerado uno de los poetas hispanoamericanos más importantes del siglo XX. En palabras de Carlos Fuentes, pertenece al "gran arco lírico" (que comienza con Rubén Darío, Leopoldo Lugones, Vicente Huidobro, Pablo Neruda, José Gorostiza y César vallejo y llega hasta José Lezama Lima y Octavio Paz). Al igual que Cardenal y, más recientemente, Antonio Colinas, Rojas ha sido galardonado con el Premio Reina Sofía de Poesía Iberoamericana (Salamanca 1992). Influido por los místicos españoles y los poetas clásicos grecolatinos, su poesía expresionista y surrealista lleva la marca de la poética poundiana. En uno de sus poemas más famosos y aquí incluido, con el título "No le copien a Pound", Rojas hace una apología irónica de la técnica de Pound. Lleno de admiración, como si estuviera dirigiéndose a la posteridad, en su poema Rojas resume apasionadamente lo esencial del arte de Pound; lo nombra el "copión maravilloso", y a su épica el "gran palimpsesto de lo Uno", en alusión al Canto 116 y a los numerosos idiomas en los que Pound nos invita a "ver" "lo innumerable al fondo de lo innombrable." El "ver" nos recuerda al adagio de Pound, "'ver de nuevo', / el verbo es 'ver', no 'caminar sobre'" (116/725)[3] y la expresión de Rojas, "lo que de veras amamos", hace resonar la declaración de Pound en los *Cantos Pisanos*, "lo que bien amas perdura, /lo demás es escoria/ De lo que bien amas no te privarán / Lo que bien amas es tu herencia verdadera" (C 81/2285). En su evocación, que recuerda al famoso discurso shakesperiano de Bruto a la muerte de Julio César a la vez que a las "Cartas a un joven poeta" de Rilke, Rojas se desplaza desde un rechazo aparente hasta una defensa fervorosa para preservar la frágil llama del logro de Pound: "no lo saqueen", "no le roben la sombra / al sol", exige, instando a las "livianas / generaciones que van y vienen como el polvo" que "piensen en el cántico".

En su "Ezra", Julián Herbert (n. 1971), poeta y novelista mexicano contemporáneo, concibe una conversación imaginaria con el espíritu de Pound, "el león del Barrio Latino", que surge de las sombras solo para contemplar "los pliegues de la sierra de Zapalinamé" mientras recuerda a "Francesca", el poema temprano de Pound que relata un encuentro amoroso con Francesca da Rimini, la heroína de Dante condenada por su infidelidad marital a vivir en el segundo círculo del infierno en su *Commedia*. En el poema de Herbert, la atmósfera es tan íntima como "un instante / de bienestar cuando las sombras /descendieron sobre todas las formas". La amada de Herbert "Anabel" (en clara alusión a la "Anabel Lee" de Poe) al final se funde con la eterna Beatrice Portonaris de Boticelli, mientras el poeta emplea un sereno tono conversacional con el que confesarle a su mentor sus lealtades divididas: "Amo a una esclava / (…) / mientras sueño con la albura fría y tierna / de mi mujer", de este modo expresando una ambigüedad que recuerda a la de Catulo en "Odio y amo. / Preguntas cómo es posible". Para Herbert, sin embargo, este tema intemporal que recoge el espíritu de Pound metapoéticamente requiere "trabajar con el material / que no estaba en la Commedia". Mientras el postmoderno Herbert procede a pedir indulgencia al poeta americano que le ha precedido por usar "mi réprobo latín aprendido en Perales", a la vez delinea el rostro de Pound como una "cítara de arrugas" con "los ojos / del anciano león fotografiados en blanco y negro" descritos como "gemelas beatrices portinari". Al fundir lo mítico con lo documental, lo trascendente con lo trivial, el discípulo de Pound intrínsecamente honra la gran lección de "il miglior fabbro", quien le enseñó como a tantos poetas tejer "la urdimbre de lo fugaz" en las palabras de Rojas.

Entre los poetas españoles, Jorge Guillén (1893–1984), uno de los más celebrados de la Generación del 27 y descendiente directo de Juan Ramón Jiménez, inicia su tributo a Pound con su poema "Ezra Pound: Motivo", dedicado a Vanni Scheiwiller, editor de los últimos Cantos de Pound. Guillén, que entonces residía en Italia, conoció a Pound a finales de la década de 1960 en el festival de Spoleto. Como poeta, escribe tras la estela de la poética imagista de Pound, evidente sobre todo en la supresión de lo decorativo en sus propios versos y el cultivo de la condensación temática. En este breve poema, paradigma de la célebre frase de Pound, "Dichtung = condensare"[4], Guillén funde la sagrada expresión de San Juan de la Cruz "aguas silenciosas", "bosques" y "mares sosegados" con la austeridad clásica de Pound en poemas como "Una muchacha" y "Doria", el segundo con las herméticas inflexiones del amante que le pide a su prometida, "Sé en mí como las rachas eternas / del crudo viento, y no / como las cosas pasajeras: pompa de flores"[5], recreadas en los versos de Guillén "Un viento leve vi. Buscándome venía / Por bosques sosegados. / Entre follajes de terrenos foscos / mi camino seguí". Además, a diferencia del pesimismo cósmico predominante en otros poetas de su generación como Vicente Aleixandre, Guillén comparte con Pound una visión confiada y vibrante en el ser humano.

En España, además, Pound ejerció una influencia fundamental sobre la generación poética de los Novísimos de la década de 1970, también conocidos como los Venecianos. Al igual que jóvenes poetas de otros países, estos consideraban a Pound y a Eliot sus maestros. Pound les enseñó cómo desentenderse de las convenciones de la "poesía social" que había prevalecido en las últimas tres décadas y cuyo registro poético había quedado obsoleto. Este movimiento tenía sobre todo una orientación extranjera, cosmopolita y erudita, influida por la poesía barroca de Quevedo y Góngora. Dos de los poetas Novísimos participaron en el congreso de Salamanca: Antonio Colinas (n. 1946) y Jaime Siles (n. 1951). A la edad de Keats, Colinas –representante destacado de esta generación y galardonado con el Premio Reina Sofía de Poesía Iberoamericana en 2016 – viajó a Venecia en busca de Pound para rendirle homenaje, tal como recoge en el poema "Encuentro con Ezra Pound", escrito a raíz de su encuentro en la tarde del 22 de mayo de 1971. Tanto en este notable poema como en el titulado "Ofrenda", igualmente incluido en la antología, Colinas se expresa en un tono íntimo vertido en un fraseo musical que casi desafía la respiración de cada poema, a la vez que expresa la resonancia de una esperanza de belleza – y majestuosidad – perdurable más allá de nuestro tiempo. Colinas también ha recordado su encuentro con Pound en un escrito breve.

Años más tarde, Juan Antonio González-Iglesias (n. 1964), relevante poeta español contemporáneo y profesor de Filología Clásica en la Universidad de Salamanca, reproduciría los pasos de Colinas en su visita al número 252 de la Calle Querini, junto a la Dogana en el Sestiere di Dorsouro en Venecia. Para encontrarla, se llevó como guía los poemas de Pound y de Colinas, y llegó a la conclusión de que "Un poema es mejor que Google Maps". En alusión al concepto de "periplum" de Pound en su *ABC of Reading* sobre la *Odisea,* así como a los astutos conocimientos de Homero sobre medicina,[6] Iglesias equipara la aventura de descubrir la morada de Pound con la propia aventura de leer poesía.

Tanto Colinas como José María Álvarez (n. 1942) experimentan Italia, y sobre todo Venecia, a través de sus recuerdos de la vida de Pound en Venecia y la topografía de la ciudad, al tiempo que rememoran los lugares destacados en los que este vivió, en una evocación postmoderna similar a "Near Perigord" o el "Tintern Abbey" de Wordsworth. En sus tres poemas sobre Venecia, con su intrincada madeja de alusiones a versos de los Cantos tempranos y finales, Álvarez, el poeta más poundiano entre los Novísimos, evoca de modo singular el espíritu mismo de Pound, descrito como si aún planeara sobre las calles y canales de Venecia, al alcance de aquellos que saben dónde buscarlo.

En 1985, Álvarez organizó un viaje en autobús con un grupo de poetas españoles –Luis Antonio de Villena, Dionisia García, Antonio Enríquez, Jaime Ferrán, Marcos Ricardo Barnatán, Rosa Pereda– con motivo del centenario del nacimiento de Pound y como primer tributo internacional a Pound, apoyado por celebridades de todo el mundo. Entre los poetas que firmaron el documento en el que se homenajeaba a Pound se contaban Premios Nóbel como Vicente Aleixandre, Camilo José Cela, Mario Vargas Llosa, Gabriel García Márquez y Octavio Paz; también firmaron otros escritores en lengua española preeminentes, entre ellos Jorge Luis Borges (1899–1986), José Hierro, Claudio Rodríguez, Jaime Gil de Biedma, Ángel González, Julio Caro Baroja, María Zambrano, Rafael Alberti y Miguel Delibes. Lo suscribieron igualmente políticos, escritores e intelectuales como Alfonso Guerra, vicepresidente socialista del gobierno de España entre 1982 y 1991 y vicesecretario del PSOE entre 1979 y 1997; Fernando

Savater, filósofo y fundador del hoy extinto partido político UPyD y miembro de varias organizaciones para la pacificación del País Vasco como *Foro de Ermua* y *¡Basta ya!*; y el cineasta y guionista internacionalmente premiado Luis García Berlanga. En el ámbito internacional, los firmantes incluyen escritores y filósofos de todo el mundo: Stephen Spender, Lawrence Durrell, Raymond Carr, Gregory Corso, Marguerite Yourcenar, Ernst Jünger, Alberto Moravia, Italo Calvino, Haroldo Campos, Heinrich Böll, Isabel Allende, William Burroughs, Robert Creeley y muchos otros, así como cineastas de la talla de Orson Welles, Federico Fellini o François Truffaut. Asimismo, se sumaron numerosas instituciones internacionales, entre las cuales destaca el excelso veterano poundiano Walter Baumann. Este homenaje español se recoge en las 253 páginas del escrito de José María Álvarez *Treinta años después. Los que estuvimos allí. Homenaje a Ezra Pound.*[7]

Entre los Novísimos, Luis Alberto de Cuenca (n. 1950) es quizá el poeta más reconocidamente poundiano. Debutó con el libro *Retratos* (1980), seguido de *Elsinore* (1972), poemario caracterizado por su estilo metaliterario, hermético, multicultural y refinado, inspirado en la poética de Pound y de Eliot. En los dos poemas que aparecen aquí, "Religión y poesía" y "Me acuerdo de Bram Stoker", evoca directamente a Pound en elocuentes ejemplos de su marca personal de lo "transcultural", una poética que funde lo cotidiano con lo trascendente, mezclando la alta literatura con la cultura pop. Bien yuxtaponiendo informalmente el Bien y el Mal como "el haz y el envés de una misma moneda", bien al poeta español romántico José de Espronceda (1808–1842) con el feroz modernista Pound, de Cuenca celebra irónica, a la vez que abiertamente, la alegría del poeta al transmitir "la tensión / de la lucha en un mundo relajado / que prescinde del cielo y del infierno".

Por último, pero no menos importante, destaca entre los poetas españoles Jaime Siles, el más joven de los tres Novísimos, quien recompone en su poesía el mundo homérico desde la perspectiva renovada en "Sextus Propertius" de un "yo" contemporáneo, el cual revive la destreza de los héroes del pasado y filtra su mundo legendario por el escepticismo de la sensibilidad moderna, tan plenamente consciente de la relevancia del pasado en su repetida actualización en los tiempos actuales. En los dos poemas incluidos aquí, Siles renueva lo antiguo, lo trae otra vez a la vida "al golpear el suelo /sus patas encendidas, / al herir el aire / sus crines despeinadas", junto con "Delante de mis ojos veo a Aquiles combatiendo". Los versos de Siles no solo miden el lugar vital de la poesía de Homero en función de nuestras vidas, sino que, a la inversa, la presencia vital de estas últimas es medida en la poesía de Homero. De manera similar, Jeannette Lozano Clariond (n. 1949), poeta mexicana y editora de la famosa Editorial Vaso Roto, rastrea la misma conciencia de la presencia del poeta en su poema "Tres piedades por Ezra Pound", elegía al poeta norteamericano en la que evoca tanto a Heráclito como al poeta latino Virgilio. Con voz serena pero apasionada, el poema de Lozano transmite al lector una invocación sagrada que surge tras "el velo / de la realidad", donde el lector puede descubrir la visión del poeta de los dioses con más viveza en la imaginación que en el mundo circundante.

De la siguiente generación, María Ángeles Pérez López (n. 1967), poeta y profesora de literatura hispanoamericana en la Universidad de Salamanca, inscribe su poema "El punzón" "con Ezra Pound", invocando la denuncia del Canto 45 de "usura en vez de amor": "Cuando el lucro emponzoña la mañana, / el punzón pide a gritos la alegría / con que las manos aman el trabajo". No por casualidad, Pérez López es también la editora de la *Obra completa* de Ernesto Cardenal y fue quien leyó el mensaje del poeta al público en el recital del Aula Magna en Salamanca.

Jordi Doce (n. 1967), uno de los poetas españoles más reconocidos hoy, además de promotor y avezado analista de la poesía angloamericana, dedica tres de sus poemas a Pound. En uno de ellos, "Traductor", reconoce el oficio que los define a ambos. Los poemas de Doce rinden homenaje a la voz *personal* que Pound practica y celebra –la voz *individual* que se encuentra en el intrincado diseño formal de un poema. El poeta más joven de los dos indaga tras la poderosa presencia, casi meteorológica, de la *Poesía*, para descubrir al poeta en plena faena, tal como sucede en "Traductor", que cierra la secuencia con compasión y pathos al servicio de esa voz singular.

Como la poeta más joven presente en esta antología, Natalia Carbajosa (n. 1971), profesora, poeta y excelente traductora, aporta un "intenso" vigor imagista y confesional del paisaje y la metapoética de "le mot juste". En poemas que recuerdan a la poeta norteamericana Lorine Niedecker (1903–1970), seguidora de Pound, cuyos austeros poemas ha vertido en exquisitos versos en español, las composiciones de Carbajosa contemplan con asombro los paisajes sagrados que encuentra alrededor, como el agua, en la que descubre "esta riqueza expresiva y espontánea que se burla de los lindes, de las reglas".

El grupo de los poetas anglófonos, fieles participantes en los congresos poundianos a lo largo de los años, contó con una representación considerable en el recital poético de Salamanca. Con todo, y en consonancia con sus congéneres en lengua española, estos poetas también han recreado el mundo hispano de diversas formas, cada uno extendiendo una dimensión diferente de la sensibilidad de Pound. Por ejemplo, con su voz inconfundible, Rhett Forman (n. 1989) describe las huellas españolas en el Nuevo Mundo con un guiño especial a Salamanca. Su poema "El Turco y Coronado" evoca la expedición liderada por Francisco Vázquez Coronado (1510–1554) que tuvo lugar entre 1540 y 1542. Coronado fue un conquistador y explorador español nacido en Salamanca. Adaptando el registro documental aprendido de Pound, Forman trata el material histórico zambulléndose en el suceso *in medias res* y, como en el caso de los *Cantos,* los lectores se pueden apoyar en la nueva guía de Carroll Terrell para aprehender las referencias del poema: Coronado se embarcó en la búsqueda de las ciudades legendarias de Cíbola (las Siete Ciudades de Oro), las cuales no encontró. Pero fue el primer europeo que descubrió el Gran Cañón y el río Colorado mientras atravesaba el sur de lo que hoy compone Nuevo México, Texas, Arizona y Kansas en los Estados Unidos. Con un tono descarado y sardónico, deudor del de Pound en sus poemas vorticistas, Forman alude al guía de Coronado, muy probablemente un Pawnee, apodado "el Turco", que engañó a Coronado al llevarlo equivocadamente por las Grandes Llanuras, donde fue ejecutado por Hernando de Alvarado, el capitán de Coronado, en el Cañón Blanco. Los otros dos poemas de Forman, "Nocturno de Pine Hill" y "La mala medicina donde el Llano Estacado se encuentra con el cielo", reproducen el dialecto indio al tiempo que vuelven a recrear el mundo de los navajos y Kit Carson.

John Beall (n. 1953) y Alec Marsh (n. 1953) nos sorprenden con poemas en los que observamos otro aspecto de las sensibilidades de estos dos estudiosos, con la huella de la influencia directa de Pound en sus obras. Ambos se ocupan de la visita de Pound al Museo del Prado en Madrid y, de distinta manera, crean percepciones sobre España filtradas por los ojos del joven Pound durante su visita a España en 1906, recordada años más tarde en *Guide to Kulchur* y en el Canto 80:

> y "Las Meninas" colgaban en un cuarto solas
> y Felipe a caballo y sin caballo y sin enanos
>   y Don Juan de Austria
> breda, la Virgen, "Los Borrachos"
>   ¿están todos en el Prado?
> ¿Y "Las Hilanderas"? (80/2167)

Inspirado por su visita al Prado en 2019, Beall observó atentamente el "Autorretrato de Goya en el Prado", anotando irónicamente, al modo de la propia evocación de Pound de las pinturas y los pintores españoles, cómo el retrato de Goya "podría caber en la bota de Velázquez / en 'La Rendición de Breda'". Por su parte, Marsh crea su propio "Autorretrato" ecfrástico de Goya, pintor que Pound no menciona en sus *Cantos*, al tiempo que imagina su propia experiencia visionaria, tal como indica el título "Pentimenti: Lo que vio el joven Ezra Pound en el Prado". De hecho, *pentimenti* es una palabra italiana que, según el diccionario *Webster*, indica "la reaparición en una pintura de un elemento original dibujado o pintado y posteriormente tapado con otro por el artista". Al repetir creativamente la visita de Pound al museo, el poema de Marsh intenta desenterrar, de modo documental e impresionista a la vez, la percepción de Pound de esos mismos cuadros, concretamente de las famosas *Meninas* de Velázquez (1656), así como *Las hilanderas* (1657), *La rendición de Breda* (1634–35), el retrato anónimo de *Don Juan de Austria* (c1632), y otros muchos lienzos del rey Felipe IV: "Y Felipe, Felipe, Felipe, Felipe pálido con armadura negra, Felipe de pie con su escopeta de caza y su borzoi; *Felipe a caballo*," versos que hacen resonar la evocación de Pound de actividades repetitivas y tediosas del trabajo diario como "recolectamos helechos, recolectamos helechos/ Los helechos florecen" en "Canción de los arqueros de Shu". El "pentimenti", el exceso de Felipes y el tono del poema de Marsh apuntan a los sentimientos subliminales antimonárquicos que comparte con Pound, en su impaciencia ante tantos retratos reales. Sin embargo, Pound y Marsh no habrían contemplado exactamente los mismos cuadros, ya que la exposición de los lienzos de Velázquez en 1906 era distinta de la que existe a partir del siglo XX, dado que antes de 1915, fecha en que el Prado la reorganizó, *Las Meninas* tenía una sala exclusivamente dedicada a este cuadro. En el segundo poema de Marsh, "Despedida de los amigos", retoma el estilo "pentimenti" al trasponer la traducción original de Pound del poema de Rihaku (Li Po) en *Cathay* a un episodio postmoderno en un paisaje norteamericano, en "el camino a Texas" a través de los "brumosos Apalaches" y el "ancho y viscoso Mississippi".

De vuelta al contexto europeo, "La Fanciulla" de Silvia Falsaperla recrea la mágica atmósfera del castillo de Brunnenburg en el Tirol, hogar de la hija de Pound, Mary de Rachelwitz, a quien está dedicado el poema. El poema es un himno a Mary, a su experiencia trilingüe al Sur del Tirol y a su amor filial, y rinde homenaje a cómo mantiene el legado del reverenciado poeta e infunde vida a sus manuscritos y recuerdos. En contraposición, el poema de Falsaperla "WCW: Rutherford, NJ" recuerda al poeta William Carlos Williams, gran amigo y compañero de oficio de Pound, en su propio universo local norteamericano de Rutherford, New Jersey, con lo que hace resonar el alcance transnacional tanto de Pound como de Williams. Al igual que Falsaperla, Jeff Grieneisen (n. 1970) también rinde homenaje a Mary de Rachelwitz en "Mi hijo conoce a una princesa: Un cuento de Brunnenburg". Este poema rememora las famosas Escuelas de Verano de Pound en el castillo de los Alpes Italianos en las que, literalmente, de Rachelwiltz bendice al poeta y a su mujer como jóvenes padres por cómo "nosotros lo hicimos nuevo con Valentino / como Pound lo hizo nuevo con ella". El poema reverencia la esperanza que la princesa tiene de que su hijo "mantenga vivas las viejas tradiciones". Después, en otro poema, "Entendiendo a Pound", Grieneisen demuestra en un sentido cómo la tradición predomina, por el formato pastiche del poema que conforma un compendio de expresiones memorables de Pound, tales como "derriba tu vanidad", "la belleza es difícil" o "el arte es la belleza" que permean, cuando no directamente dan forma, a la vida diurna (o cotidiana) que describe el poema.

En cambio, en poemas extraídos de la biografía de H.D. de Barbara Guest, así como del propio relato de H.D. sobre sus primeros años en novelas ambientadas en la Filadelfia residencial, y de sus memorias posteriores, *End to Torment* (1958), Ron Smith (n. 1949) explora la intrincada y problemática relación de Pound con H.D. Se trata de poemas que, mediante la libre asociación, continúan los diálogos imaginarios de H.D. con Pound, o acaso reales, a partir de los de las novelas de su juventud. En "E.P. en el jardín", Smith se sirve del monólogo dramático para describir el aislamiento que H.D. sentía en su casa, situación que el joven Ezra desafía implícita y maravillosamente, sentado con ella en un arce donde "nos mecemos / con el viento, con las nubes". Pero trasladándose a la perspectiva de la tercera persona para reproducir el mismo encuentro, aunque objetivando a H.D. en "Hilda era muy alta para vestidos de niña", Smith equilibra el impulsivo deseo de Ezra de besarla con el propio dolor adolescente de H.D. mezclado con el miedo, no solo por sus padres y su torpe altura, sino por las estridentes payasadas de Ezra, a medida que el poema reproduce la intimidad discordante que acecharía a los dos poetas durante el resto de sus vidas.

Otros poemas se apartan de los lazos familiares de Pound y ahondan en sus preocupaciones sociales. Por ejemplo, Clive Wilmer (n. 1945) explora las nociones que Pound tenía sobre la economía en "La ley de la casa", donde la propia sintaxis del poema reproduce la lucha por recuperar el pasado con la misma precisión que subyace al proyecto poético que Pound mantuvo de por vida. A cambio, en su segundo poema elegíaco sobre la tumba de Pound en el cementerio de San Michele de Venecia, semejante a Guillén en "Ezra Pound: Motivo", Wilmer se vale de versos sobrios y austeros, que "il miglior fabbro" habría apreciado sin dudarlo. Este breve poema evoca la intensa quietud de la pequeña esquina que contiene la sección evangélica del cementerio. Encontramos también aquí la obra de un poeta joven y prometedor, Sean Mark (n. 1987), cuyo poema "Negociación" analiza primero en prosa, con motivo del septuagésimo cumpleaños de Pound, su encarcelación en St. Elizabeth. Con los nombres de todos los amigos y escritores que peregrinaron hasta allí para visitar a Pound en 1955, junto con aquellos que se unieron para pedir su liberación, al inicio epigramático de Mark le sigue un poema rimado que plantea preguntas acerca de las convicciones políticas de Pound, incluso cuando recoge las voces de aquellos que en su momento expresaron su admiración por la poesía tanto como por su (para algunos) ambivalencia respecto a su relación con el gobierno de Mussolini.

Aparte de estos poemas que exploran la historia, predilecciones y sensibilidad de Pound, un número considerable de poemas reflejan en su poética el sello sorprendentemente perdurable del imagismo, que Pound, de un modo casi improvisado, introdujo en la poesía contemporánea hace ya más de un siglo. Tanto David Capella (n. 1953) como Patricia de Rachelwiltz (n. 1950), por ejemplo, cada uno a su manera, adoptan el estilo del haiku de apoyarse en detalles concretos para reproducir la intensidad de su experiencia poética. En su obra, Capella nos ofrece poemas breves e intensos que recuerdan al estilo de T. E. Hulme, a quien Pound admiraba, en el sentido de que una observación se convierte en un concepto: la nevada como imagen del tiempo, cuatro corzos caracterizados como "un haiku a cámara lenta", y "el casto verdor del prado" reproducido como "materia oscura", extendiendo así la técnica imagista hasta la era de las galaxias y los agujeros negros. Igualmente, delicados en su observación y concepción precisas, los poemas de Patricia de Rachewiltz, nieta de Pound, sorprenden de pronto al lector con sus giros inventivos que van de la imagen al sentimiento, contraponiendo en un poema un "Nido de pájaro / de pelo y ramitas" con "Tu mano fría / sobre mi pecho"; en otro, "Mi falda alrededor de la cintura" con "Una ofrenda a los dioses / Los muertos no andan lejos / Escucho sus susurros". Con su inherente claridad y elocuencia, los poemas de De Rachelwiltz brillan con la intensidad emocional otorgada por toda una vida de pensamiento poético sin concesiones.

Idéntica precisión imagista, a la vez deudora del estilo confesional de posguerra, se desprende de los poemas breves de David Moody (n. 1932) "Cerca de la muerte" y "Huellas en la nieve". A diferencia de los poemas discursivos iniciales de Moody, políticamente complejos pero con la misma visión aguda y áspera por la que también es conocida su excelente prosa, los poemas incluidos aquí practican las virtudes poundianas de la notación exacta del momento efímero, semejantes a ciertos pasajes de *Drafts & Fragments* o a los poemas tardíos de Yeats traducidos en correlatos objetivos puros, como diamantes tallados hasta la última arista. Eso ocurre en los poemas "Vencejos" y "Mientras la pandemia arrasa", los cuales expresan con palpable contundencia la cualidad de las cosas al reducirse. Justin Kishbaugh (n. 1977) procede en la misma línea cuando recrea el mundo griego y sus mitos al estilo poundiano, esto es, refundiéndolos en la época actual. Para ello incluye versos medidos como "Calzadas con sandalias, bajan por el puerto de montaña, / caminan suavemente sobre musgo y helechos", que en estilo e imagen evocan "El regreso" de Pound. En otro poema, con un guiño a la elegía de Frank O'Hara a Billie Holliday, el poema irónico y elegíaco de Kishbaugh "El día en que Weapon murió" extiende la pasión de Pound y Eliot por los gatos –Weapon es el nombre de su gato –, aunque expresada en el tono sardónico de los poemas de Pound "La tienda de té" o "Pagani, 8 de noviembre". Recordando más al Pound de *Cathay* que al de *Lustra*, Chengru He (n. 1983) pone en práctica un estilo imagista y confesional comparable en "Cuatro clases de vacío", poema impregnado de alusiones cultas a Williams y a Pound, en el que "lo vacío recibe atención" y "cada hoja / es luz". En cambio, su poema "Caquis" reproduce la identidad inefable, distintiva e intraducible de su tierra natal, lo que lo convierte en una especie de *ars poetica* de esta joven poeta. Y en "Padre vuelve a casa, 1964", transpone la técnica de la notación imagista basada en el modo documental de Pound a un poema al estilo *Cathay* sobre el regreso de un padre destrozado al salir de un campo de prisioneros.

Entre los poetas dispersos por el mundo incluidos en esta antología los lectores descubrirán a aquellos que, en parte quizá, se atienen al imperativo poundiano de "hazlo nuevo". Poblados por las figuras fantasmagóricas como aquellas que acechan no solo en los últimos poemas de Yeats o en los *Cantos pisanos* de Pound, sino también en los intrincados poemas de Geoffrey Hill, los tres poemas de Paul Scott Derrick (n. 1949) evocan de diversas maneras los detalles naturales de varios lugares con extraordinaria nitidez; capturan momentos de evolución a la vez que revelan – como en sueños o, cuando menos, como el fruto de un sueño – un hombre lobo en "En medio", una "fachada mineral con una boca" (nada menos) en "Andromorfo", y el espíritu del personaje medieval de San Kevin en Irlanda en "Egreso". Tomando sus temas de archivos y leyendas, lo mismo que Pound en la mayoría de los pasajes dramáticos de los *Cantos*, Derrick despliega sin embargo los hitos de su propio territorio mitográfico en estos poemas, en formas que se bifurcan o adoptan otras nuevas según el asunto al tiempo que se explican con aplomo, como el relato de un turista asombrado de lo oculto. En sus poemas, tomando, al parecer, tanto de los experimentos melopoéticos tempranos de Pound con el verso como de sus traducciones adaptadas de las canzoni de Guido Cavalcanti, John Gery (n. 1953) ahonda en los entramados de la lírica formal en tres poemas inéditos, en dos de los cuales cede la voz a los pájaros. Ofrece así una nueva variante del monólogo dramático tal como Pound lo aprendió de Robert Browning. Sin duda, "El segundo pájaro en el matorral" apela antes al dicho popular "Más vale pájaro en mano que ciento volando" que a una especie concreta de pájaro; mientras que el poema "Jilguero americano" combina imagen y rima para dar voz a este pájaro de brillante plumaje que desea "asumir / viejo como soy, una pose / menos imponente, como de olmo / indispensable para ella". Siguiendo con el tema de las aves, el poema "Al atardecer" aborda condiciones incluso más metafísicas cuando, como en el caso de Derrick, el poeta se enfrenta a los demonios que merodean a su alrededor, reconocidos del mismo modo, quizá, que "llegó entonces nueva sutileza de ojos a mi tienda" con la que Pound se identifica en el Canto 81 /283.

Por último, Tony López (n. 1950), tal como ha venido haciendo a lo largo de su carrera, explora tal vez más que ningún otro poeta incluido en esta antología la interacción dinámica entre lenguaje, forma y semiología, los elementos que mejor confirman a Pound como modernista y anticipan el juego lingüístico de los postmodernistas más de medio siglo. Si en los Cantos los lectores se acostumbran a la técnica de Pound del pastiche, la "capa sobre capa" del método ideogramático, la yuxtaposición no solo de expresiones y tropos sino también de alusiones, lenguas e imágenes, los lectores de López ya reconocen su estilo característico, menos evidente en expresiones en varias lenguas, en el cambio del contexto histórico o en alusiones opuestas, que en patrones de textos y modismos en inglés relativos a distintos registros. Aunque esto no se detecta gráficamente del mismo modo que en la técnica de Pound en su épica, los versos de López – tan evidente en "Sistemas vivos", un poema característico – despliegan no obstante una rica mezcla de resonancias que se acumulan y avanzan mediante contrastes, con una voz postmoderna que es fruto no solo de la prosodia de Pound sino también de la obra sintácticamente tan enérgica de Gertrude Stein. La aportación restante de López a este volumen, sin embargo, es sorprendentemente equilibrada para este poeta. Destaca un poema sobre el acto de caminar, práctica y motivo típico de Pound, que recuerda no solo a los peregrinajes poéticos que aparecen en los primeros poemas de Pound sino además, a la prosa de Pound, reunida y conmemorada en obras como la de Richard Sieburth *A Walking Tour of Southern France: Ezra Pound among the Troubadours*, mientras que López rememora con serenidad su pasado:

> ¿Fue en Lambert Road o en Blenheim Gardens?
> El brazo de mi hermano David se doblaba al revés
> Donde cayó la bomba – un montón de escombros
> Y restos de vallado sobre los escondrijos
> Defendidos con palos y piedras pero a salvo
> Por poco tiempo. Pensé que habría jaleo
> Al volver por fin a casa.
>
> Regresé para ver de dónde veníamos
> Muchos años después. Digno de ser recordado.

Casi tres décadas después de visitar Madrid y el Museo del Prado como estudiante en 1906, Pound recordó aquella visita mientras escribía *Guide to Kulchur*. En mitad del "Capítulo 16. Europa o el escenario", al hilo de una reflexión sobre "la gracia que no ha dejado ni un instante de barrer la tan violenta autoridad del tiempo y...ese vigor que es una gracia en sí mismo", Pound piensa en el Prado y presume: "Durante 31 años he tenido en mente, a modo de valioso esquema, el Prado tal y como lo conocí, y sabe Dios si mis lectores podrán volver a verlo".[8] A continuación, Pound aporta una guía detallada de las salas del famoso museo español en el que el lector puede encontrar las obras del artista del Siglo de Oro español Diego Velázquez (1599–1660). Lo mismo se puede afirmar sobre el hecho de que estos poetas españoles y anglófonos se encuentren en la constelación del legado perdurable de Pound ya en el siglo XXI. En el alcance de sus voces, desperdigadas entre Europa y las Américas, y talentos notoriamente diversos como poetas, verdaderamente constituyen "a modo de valioso esquema" una antología poética que, en su reconocimiento a Pound, supone para el lector todo un rico espectáculo literario. Compilados así, estos poetas ofrecen obras con los que recordar no solo el recital en el Aula Magna de Salamanca en 2019 – en una ciudad que, como dijo Cervantes, "enhechiza la voluntad de volver a ella a todos los que de la apacibilidad de su vivienda han gustado"[9], sino además, una huella poundiana de nuestro tiempo.

Traducción de Natalia Carbajosa

NOTA DE LOS TRADUCTORES. A menos que se especifique, los poemas incluidos aquí han sido traducidos por Paul Scott Derrick, Natalia Carbajosa y Viorica Patea.

Notas

1 Ezra Pound, "Some Notes on Francisco de Quevedo Villegas," *Hermes* V.69 (March 1921), 199–213. Repr. en *Ezra Pound's Poetry and Prose*, Vol. XI: Addenda e Index, eds. Lea Baechler, A. Walton Litz, James Longenbach (New York: Garland Publishing, Inc., 1991), 14.

2 *Cantares completos*, Vol. I, ed. Javier Coy, tr. José Vázquez Amaral (Madrid: Cátedra Letras Universales, 1994).

3 Ezra Pound, *Cantares Completos*, tr. José Vázquez Amaral, (México: Joaquín Mortiz, 1975). Las otras referencias a los *Cantares completos* remiten a la edición de Javier Coy.

4 Ezra Pound, *ABC of Reading* (New York: New Directions, 2010 [1934]), 36.

5 Ezra Pound, *Personae*, tr. Jesús Munárriz y Jenaro Talens, (Madrid: Hiperión, 2000), 132.

6 Ezra Pound, *ABC of Reading* (Nueva York: New Directions, 2010 [1934], 43–44.

7 José María Álvarez, *Treinta años después. Los que estuvimos allí. Homenaje a Ezra Pound,* (Valencina de la Concepción: Ediciones Ulises, 2017).

8 Ezra Pound, *Guide to Kulchur* (New York: New Directions, 1968 [1938]), 109–110.

9 "Licenciado Vidriera", *Novelas ejemplares*, (1613) https://es.wikisource.org/wiki/El_licenciado_Vidriera:_01.

Spanish Speaking Poets

Poetas hispanohablantes

JOSÉ MARÍA ÁLVAREZ

La sombra de Ezra Pound

Querido Ezra.
El sol se pone en la Laguna
como aquella moneda
que dejábamos en la boca de los muertos.
La noche penetra a través de la niebla.
Paseo estas calles en silencio
"sin otra luz y guía
sino la que en el corazón ardía".
De pronto estoy en la fondamenta Ca'
Bala, junto a la que fue su casa
con Olga. Miro un cielo
que se aleja en la luz densa
de una Luna nimbada.
Pienso en usted,
esos años finales,
bebiendo el licor amargo
del desasimiento y la sabiduría,
con el mundo despareciendo.
Y veo su rostro devastado saliendo de esa niebla,
                                        su mirada.
Ese espejo de lo que nos aguarda.
Y me enorgullezco de ese brillo.

José María Álvarez

The Shadow of Ezra Pound

Dear Ezra.
The sun sets on the Lagoon
like that coin
that we left in the mouths of the dead.
Night penetrates through the fog.
I walk these streets in silence
"with no other light and guidance
but the one that burned in the heart."*
Suddenly I'm in the fondamenta Ca'
Bala, next to the one that was his house
with Olga. I look at a sky
that moves away in the dense light
of a clouded moon.
I think of you,
those final years,
drinking the bitter liquor
of detachment and wisdom,
with the world disappearing.
And I see your devastated face coming out of that fog,
                                          your gaze.

That mirror of what awaits us.
And I am proud of that brightness.

---

*Reference to St. John of the Cross, "The Dark Night of the Soul"

Others abide our question. Thou art free.
We ask and ask – thou smilest, and art still,
out-topping knowledge[*]

Qui genus humanum ingenio superavit, et omnes
Praestinxit, stellas exortus uti aetherius sol.
Lucrecio[**]

La tarde muere como un niño
y la brisa suave del Canal
acaricia mi rostro, lleva el humo
de mi cigarro, lo veo desvanecerse. Enfrente
las luces de la fondamenta delle Zattere
nimbadas por una delicadísima neblina,
como pasar un dedo sobre seda.
La belleza absoluta de Venezia muriéndose.
Pienso en Pound, lo veo caminando
por ese muelle, ya tan fuera del mundo…
Maestro, eras tan grande
y te debemos tanto. Bebo
a tu salud. Un vaporetto pasa. Pienso en las ruinas
de Taxila, abandonadas en la lejanía
de Asia, barridas por el viento,
donde los escultores de Alejandro
pusieron rostro a Buda. Pienso
en lo feliz que fui en Cambridge. Vuelvo a las páginas
de HENRY IV que me acompañan esta tarde,
al final de esa escena en la Boar's Head Tavern
que ya no necesito el libro para repetirla;
después de la parodia helada

---

[*] "Otros aguardan nuestra pregunta. / Tú eres libre. Nosotros interrogamos sin pausa. /Tú sonríes y guardas silencio, conocimiento supremo". Son los primeros versos del soneto "Shakespeare" del poeta romántico inglés Matthew Arnold.
[**] "Superior a todos los demás hombres, a todos los eclipsó con la luz de su genio, radiante como el sol, que oculta a nuestra vista los demás astros".

Others abide our question. Thou art free.
We ask and ask – thou smilest, and art still,
out-topping knowledge*

Qui genus humanum ingenio superavit, et omnes
Praestinxit, stellas exortus uti aetherius sol.
Lucretio**

The afternoon dies like a child
and the gentle breeze of the Channel
caresses my face, carries the smoke
of my cigar, I watch it fade away. Across the street
the lights of the fondamenta delle Zattere
haloed in a very delicate fog,
like running a finger over silk.
The absolute beauty of Venice dying.
I think of Pound, I see him walking
by that dock, so far out of the world...
Master, you were so large
and we owe you so much. I drink
to your health. A vaporetto passes. I think of the ruins
of Taxila, abandoned far away
from Asia, swept by the wind,
where Alexander's sculptors
put a face on Buddha. I remember
how happy I was at Cambridge. I go back to the pages
of HENRY IV that accompany me this afternoon,
to the end of that scene at the Boar's Head Tavern
that I no longer need the book to repeat;
after the icy parody

---

* First lines of Matthew Arnold's sonnet "Shakespeare."
** "Superior to all other men, he eclipsed them all with the light of his genius, radiant as the sun, which hides the other stars from our sight."

de Hall y Falstaff; y el viejo gordo dice
Banish plump Jack, and banish all the world,
que corta como un tajo de carnicero
ese I do, I Will.
                    Y suenan unos golpes en la puerta.
Dios mío, cómo es posible
ir tan lejos.
Cómo suenan esos golpes, cómo resuenan en lo que seamos.
Despedir al viejo Jack
es despedir al mundo…

¡Lo haré!

Todo esto que contemplo, para mi
sería nada sin estas palabras. Pero también esas palabras
serían nada sin todo esto, cuanto he vivido,
la gente que pasa, la curiosidad por sus vidas,
el aire que me da en la cara,
el impacto de la belleza de algunas mujeres,
la vida…
Porque los libros, cuando lo son, son vida,
sangre, que nos hace vivir
más y mejor.
Shakespeare lo sabía. Por eso no contesta
-como dice Arnold- a
nada. Sentimos su sonrisa como advirtiéndonos: Has de verlo
tú. Porque ese ser Vida y Libre,
saber que la razón no tiene todas las respuestas,
es en verdad más alto que el Saber.

(El vaho de Dios 2014)

of Hall and Falstaff; the fat old man says
Banish plump Jack, and banish all the world,
It cleaves like a butcher's knife
That "I do, I Will".
                    And there's a knock on the door.
My God, how is it possible
to go so far.
How those blows resound, how they echo in whatever we are.
Dismiss old Jack
dismiss the world...

I'll do it!

All this that I contemplate,
would be nothing for me without these words. But these words too
would be nothing without all this, all that I have lived,
people passing by, their curious lives,
the air blowing onto my face,
the impact of some women's beauty,
life...
Because books, when they are, are life,
blood, they make us live
more and better.
Shakespeare knew that. That's why he doesn't answer
–as Arnold says–to
anyone. We feel his smile as if warning us: You have to see it.
Because this being is Life and Freedom,
and the knowledge that reason doesn't have all the answers
is indeed the highest form of knowledge.

Bebiendo al claro de luna sobre las ruinas

I sat on the Dogana steps mirando las aguas del Canal
Removidas por las lanchas y vaporettos
Las fachadas
De esos palacios que amo
Contemplando poetas
Esta belleza
Cómo sé que el fragor del mundo no es cosa nuestra
Ni nosotros
De su interés
La Poesía es lo que consuela

(*Bebiendo al claro de luna sobre las ruinas* 2008)

Drinking in the Moonlight on the Ruins

I sat on the Dogana steps, watching the water of the Canal
Tossed by skiffs and vaporettos
The facades
Of those palaces I love
Contemplating poets
This beauty
As I know the clamor of the world is not our business
Nor are we
Of its interest
Poetry is what consoles.

Natalia Carbajosa

Avistamiento de cetáceos

Porque así son, me parecen,
las palabras: monstruos ágiles
y antiguos
que resbalan por el agua
densa, oscura,
del significado.

                Y como ya
van enseñando los años
a mirar
y nada más que mirar
lo que no es nuestro y solo
es,

       aquí estamos,
en silencio,
entregados al oficio: mirar
y dejar ir,
que tiene su propia ley
el horizonte,

que no es propio del tamaño de un poeta
--de su orgullo varado en la orilla--
contravenir…

NATALIA CARBAJOSA

Whale Spotting

For that is the way, I think,
words are: old and agile
monsters,
they slip down into the dark
dense water
of meaning.

                   And as the years
have already taught us
to stare
and nothing else but stare
at what we do not possess, and simply
is,

          we are here,
silently
devoted to our task: to stare
and let go,
for the horizon has
its own rules,

which it does not befit a poet's size
– his stranded pride –
to disobey…

Floración

> Beauty and grace are performed whether or not we will or sense them:
> The least we can do is try to be there.
> Annie Dillard*

Llevábamos la luz a nuestra espalda y, de frente,
sobre su tarima aterrazada y contra el lienzo
opaco de la sierra, aguardaban grises los almendros.
¿Aguardaban? No a nosotros, desde luego.
Pasamos por su lado y nada sucedió.

Pero cuando ya volvíamos la mirada pasó el sol,
y alcanzamos a ver cómo dibujaba en el vacío,
el espacio en negativo entre las ramas,
volanderas siluetas. De esa nada
temblando al trasluz surgió el incendio:
no por ni para nosotros
y, a pesar de ello, llama

oferente, don del día.

Verde y ocre se mancharon de luz; se borró el gris;
y nunca el blanco fue más próximo a
la mera transparencia, alta y marina,
traspasada de élitros,

hogueras.

---

* La belleza y la gracia se llevan a cabo tanto si las sentimos como si no:
Lo menos que podemos hacer es tratar de estar ahí.

A Flowering

Beauty and grace are performed whether or not we will or sense them:
The least we can do is try to be there.
Annie Dillard

The light was at our backs and, before us,
on the terraced slope and set against the darkened canvas
of the mountains, the almond trees were waiting in grey.
Who were they waiting for? Certainly not us.
We passed them by and nothing happened.

But when we looked back the sun moved behind,
and we could see how it painted fleeting
silhouettes in the void, the negative spaces
among the boughs. From that trembling
nothingness against the light, a fire broke out:
not for us and not because of us
and still, in spite of this, an offering

of flames, a gift of the day.

Green and ochre stained with light; the grey erased.
White was never closer to
mere transparency, high and marine,
filtered through beetles' wings,

dazzling bonfires.

Viaje (selección)

I

Azud. Aceña. Zuda. Tajo, licencia de nombre y piedra sobre agua que, a
su vez, hiende la carne de la tierra. El cuerpo ofrecido a la corriente que
confunde, alborozada, su curso. Subir, bajar... la garza sabe.

IV

Frontera al norte del Duero. Tierra sin ley. Western medieval. Primeros
colonos. En cada pueblo un castillo, muralla, fortaleza. La historia que se
ve, y también la que deja un roce invisible. Aleteo, quizás imaginado, de
un pardal en la encina.

V

Sayago: inmensas afloraciones de granito. Como si desde el suelo asomase
la memoria enfriada de este planeta cuando no era nada más que magma.
En los pueblos del camino, los alfares. De la fuerza a la belleza, la
domesticación de la roca en los enseres.

IX

Otero. Parra. Seoane. Fernández. San Román. Se repiten los apellidos.
Familias enteras. Sílabas sepultadas bajo las aguas en Ribadelago. Arriba,
la nueva presa, de cuya construcción suponemos que no se habrán
escamoteado materiales, emite su zumbido de abeja inmortal. Se traduce
como: no olvidar, no olvidar.

XI

En una parte del pueblo se habla castellano. En otra, portugués. Bajo el
puente de piedra, el agua pone apropiado nombre a esta riqueza expresiva
y espontánea que se burla de los lindes, de las reglas, de las palabras
retorcidas hasta el no decir: Río de Honor.

Journey (excerpts)

I

Azud. Aceña. Zuda. Gash, license for its name and stone in water, stone that cleaves, in turn, the flesh of the earth. Body offered to the current, uproariously confusing its course. Upward, downward ... the heron knows.

IV

Northern border of the Duero. Lawless land. Medieval Western. First settlers. In every town a castle, a wall, a fortress. The history you can see, and the one that leaves an invisible trace. Fluttering wings, possibly imagined, of a sparrow in the oak tree.

V

Sayago: immense granite outcrops. Rising from the ground like the cooled memory of this planet when it was nothing but magma. In the villages along the way, the potters. From force to beauty, the taming of rock into belongings.

IX

Otero. Parra. Seoane. Fernández. San Román. The surnames are repeated. Whole families. Syllables buried underwater in Ribadelago. Above, the new dam, for whose construction we assume no materials were spared, emits its buzzing of deathless bees. Translation: don't forget, don't forget.

XI

Half the village speaks Spanish. The other half, Portuguese. Under the stone bridge, the water gives its name to this expressive and spontaneous opulence that mocks all boundaries and rules, words twisted into unsaying: River of Honor.

Ernesto Cardenal

Fragmentos de "Cantiga 43", Cántico Cósmico

Y Confucio dijo:
No se sale sino por la puerta.
No se anda sino por el camino.
Él vino a unir todos nuestros totems y todos nuestros clanes.
A libertarnos de todos los tabúes.
El salvador de la tribu.
Un Salvador Mediador en el Alto Nilo,
que no ha muerto para ellos en el Alto Nilo.
Mictlan Tecuhli náhuatl, el Señor de la Mansión de los Muertos.
El sol.   El que nos alimenta
y de noche alumbra a los muertos.
Los primitivos en sus mitos, según Frobenius,
nunca mencionan el proceso técnico de ese descubrimiento
(el fuego) sino que siempre es de un dios, de un extraño.
El fuego fue robado también en la Polinesia
(isla de Mangala). Por un héroe la gente tiene luz
y puede cocinar su comida.
Una humanidad en tinieblas, recuerdan los zuñi,
amontonados, trepando unos sobre otros como reptiles,
hasta que el gran sabio los sacó de allí
a la superficie de la tierra, al Padre-Sol.
Aquel agraphon de Cristo:
"Levanta la piedra y allí me encontrarás".
(Estaba desde el Paleolítico).
La piedra que Dios labró (Chilam Balam de Chumayel)
allí donde antiguamente no había cielo.
En el Estrecho de Torres
Mutuk estuvo dentro de un tiburón.
Yetl (dios solar) dentro de una ballena.
Jonás, muy enraizado en la mente de los pueblos primitivos
dice Frobenius.
Otra vez Frobenius. Querido Pound.

Ernesto Cardenal

From Chant 43, Cosmic Chant

And Confucius said:
The only way out is the door.
The only way to walk is the path.
He came to unite all our totems and all our clans.
To free us from all taboos.
The saviour of the tribe.
A Mediator Saviour in the Upper Nile,
who did not die for those of the Upper Nile.
Mictlan Tecuhli nahuatl, the Lord of the Mansion of the Dead.
The sun.   The one that feeds us
and at night shines a light on the dead.
The primitives in their myths, according to Frobenius,
never mention the technical process of that discovery
(fire) but it always comes from a god, from a stranger.
Fire was also stolen in Polynesia
(Mangala Island). A hero brings the people light
and they can cook their own food.
A human race in darkness, remember the Zuñi,
Crowded together, crawling over each other like snakes,
till the great sage raised them up
to the surface of the earth, to the Father-Sun.
Christ's *agraphon*:
    "Lift the stone and there you will find me."
(Ever since the Paleolithic).
The stone that God sculpted (Chilam Balam of Chumayel)
where once there was no heaven.
In the Torres Strait
Mutuk was inside a shark.
Yetl (sun god) inside a whale.
Jonah, deeply rooted in the minds of primitive people
says Frobenius.
Frobenius again. Dear Pound.

El héroe vence al monstruo en el mito pigmeo
sacándole los hombres que había devorado.
"Difícil saber cómo será" decía Confucio,
"el santo esperado por cien generaciones".
Una generación (chi) son 30 años;
o sea, esperado por 3.000 años.
También: Que al Cielo las dos primeras dinastías
no han podido satisfacerlo.
"Tú lo has dicho. Yo soy rey." Dijo en el pretorio.
Lo que habéis de interpretar en ortodoxa manera:
Yo soy el Pueblo. Y el Pueblo es rey.
Yo soy el proletariado.
Y el proletariado es rey de la historia.
"Muchas veces habéis oído hablar de un Juicio Final del mundo".
(Sandino a su tropa). "Por Juicio Final del mundo debe entenderse
la destrucción de la injusticia sobre la tierra
y reinar el Espíritu de Luz y Verdad, o sea el Amor".
También precisa Jesús:
que el Juicio lo hará alguien que tuvo hambre, estuvo preso...
Según los antiguos persas
el orden del cosmos es por los hombres justos.
Y dice en el Evangelio de Tomás
que el reino de los cielos está extendido sobre la tierra
pero los hombres no lo ven.

Jesús sin complejo de Edipo le llamó Abba ("Papá").
Por más de un millón de años lo hemos visto
(turbiamente) en el trueno, el bosque, los animales,
mar, viento, fuego, lluvia, las estrellas.
Ptolomeo decía que mirando las estrellas lo tocaba.
Epicuro era piadoso.
Su doctrina era no temer a los dioses.
Decía que son camaradas de nosotros.
Los pieles-rojas afirman que su poder es hermoso
y que se goza con eso.
"Tú que hiciste también a los animales que

The hero defeats the monster in the pygmy myth
by taking out the men it had devoured.
"Hard to know what the saint will be like," said Confucius,
"expected for a hundred generations."
A generation (chi) is 30 years;
that is, waited for 3,000 years.
Also: Heaven may not have been satisfied
by the first two dynasties.
"You said it. I am king." He said in the praetorium.
Which you should interpret in the orthodox manner:
I am the People. And the People are king.
I am the proletariat.
And the proletariat is king of history.
"Often you have heard of a Final Judgment of the world."
(Sandino to his troops). "The Final Judgment of the world should be understood
as the destruction of injustice on earth
and the reign of the Spirit of Light and Truth, that is Love."
Jesus also says:
that the Judgment will be made by someone who was hungry, imprisoned...
According to the ancient Persians
the cosmos is ordered by righteous men.
And it says in the Gospel of Thomas
that the kingdom of heaven extends across the earth
but men don't see it.

Jesus without an Oedipus complex called him Abba ("Daddy").
For over a million years we have seen him
(dimly) in the thunder, the forest, animals,
sea, wind, fire, rain, and stars.
Ptolemy said that he touched him looking at the stars.
Epicurus was pious.
His doctrine was not to fear the gods.
He said they are our comrades.
The redskins claim that their power is beautiful
and that we enjoy it.
"You who made the animals that

comen cosas podridas y mortecinas:
los zamuros, las moscas, las cucarachas
y con ellas alimentan a sus hijos
y sus hijos no sufren diarrea..."
"¡Watauinewa!" (la mujer pateando descalza el filoso hielo).
"Que nos hubiera regalado una ballena".
La pigmea que quiere comer carne de culebra ora:
"¡Mugu, déjame que mate una culebra!"
Su paso por la selva lo anuncian rumores nocturnos extraños
pero sobre todo se les manifiesta en sueños.
Y la tribu para los que orar es locura.
Y un insulto a Bayame que lo sabe todo.
"Cada átomo es su trono" dijo aquel sufí,
aunque ahora son distintos los tronos y los átomos.
Para Empédocles era una esfera, en todas partes igual a sí misma.
Como Orígenes teorizó que los cuerpos resucitados eran esferas
(¿por qué? porque serán sin vísceras ni intestino recto
pues Dios no crea nada en vano).
Nada de esto tan descabellado, ya que
la curvatura del universo
que se dobla sobre sí mismo
se refleja en la curvatura de la tierra
que gira sobre sí misma
y en la conciencia de la tierra
que reflexiona sobre sí misma.
Los sioux dicen que los puso en la gran isla (EE.UU.)
con conocimiento para que conocieran todas las cosas.
Dos curvaturas, dice Chardin,
la redondez de la tierra y la convergencia de las mentes
en esta tierra. Dentro de la gran curvatura, el universo.
El Cántico no tiene fin.
Es decir, el tema del poema no termina.
Un planeta de personas primero,
y después de super-personalización.
Ahora la tendencia de la especie
es la convergencia de todas sus tendencias.

eat things rotten and dead:
the vultures, the flies, the cockroaches
and with them feed their children
and their children do not suffer from diarrhea..."
"Watauinewa!" (the woman kicking barefoot on the jagged ice)
 "He should have given us a whale."
The pygmy woman who wants to eat snake meat prays:
"Mugu, let me kill a snake!"
Their passage through the forest is heralded by strange night-time rumors
but mostly it comes to them in dreams.
And the tribe for which prayer is madness.
And an insult to Bayame who knows everything.
"Every atom is its throne," said the Sufi,
although thrones and atoms are different now.
For Empedocles it was a sphere, everywhere the same as itself.
As Origen theorized that resurrected bodies were spheres
(why? because they will have no viscera or rectum
for God creates nothing in vain).
None of this is so nonsensical, since
the curvature of the universe
that bends back on itself
is reflected in the curvature of the earth
that revolves around itself
and in the conscience of the earth
that reflects on itself.
The Sioux say he put them on the big island (USA)
with knowledge so that they could know all things.
Two curves, says Chardin,
the roundness of the earth and the convergence of minds
on this earth. Within the great curvature, the universe.
The Chant has no end.
That is, the theme of the poem does not end.
A planet of people first,
and afterwards super-personalization.
Now the tendency of the species
is the convergence of all its trends.

Todos a la misma convergencia.
El sueño de todos los místicos, dice Chardin.
Otra vez Chardin. Querido P. Ángel
(a causa de cáncer en el páncreas ahora todo luz).
"Luz sonora"
dijo Alfonso.
Y en otra parte:
Que Dios a Afrodita la soñó en palabras.
Si el poema es poco congruente
su tema el cosmos es menos congruente.
La fuerza de convergencia del universo hacia su centro
es el amor.

All to the same convergence.
The dream of all mystics, says Chardin.
Chardin again. Dear Father Angel
(due to cancer of the pancreas now all light).
    "sonorous light"
        said Alfonso.
And elsewhere:
That God dreamed Aphrodite into words.
If the poem is not very congruous
its theme of the cosmos is even less congruous.
The universe's power to converge toward its center
is love.

Religión y poesía

(Paul Claudel)

Mi religión, o sea, la católica,
aporta a la poesía tres conceptos
que son fundamentales: la *alabanza*
de lo creado y de su Creador
(como en Akenatón, los himnos védicos,
San Francisco, Espronceda, Pound y Perse);
el *júbilo* de ser, pero el *sentido*
también de ser, al margen del azar
y de las ciegas fuerzas naturales;
y, por último, el *drama*, la tensión
de la lucha en un mundo relajado
que prescinde del cielo y del infierno.

Feliz quien, al amparo de la fe,
escribe poesía desde el júbilo,
el *drama*, la alabanza y el sentido.

(*Los mundos y los días. Poesía* 1970–2002)

Religion and Poetry

(Paul Claudel)

My religion, that is, the Catholic religion,
brings three fundamental concepts
to poetry: *praise*
of creation and its Creator
(as in Akhenaten, the Vedic hymns,
St. Francis, Espronceda, Pound and Perse);
the *joy of being*, but also the *meaning*
of being, apart from chance
and blind natural forces;
and, lastly, the *drama*, the tension
of the struggle in a relaxed world
that dispenses with heaven and hell.

Happy is he who, under the protection of faith,
writes poetry out of joy,
drama, praise and meaning.

Me acuerdo de Bram Stoker

Cuando el mundo era joven, cuando tierras y mares
estaban aún formándose en el limo primero,
cuando el aire empezaba a surgir de la escoria
elemental, entonces, cuando los dinosaurios
eran sólo un proyecto en la mente divina,
alguien puso en mis manos una edición de Drácula,
la novela de Stoker, con prólogo de Pere
Gimferrer, mi maestro (junto con Pound, Cirlot,
Rubén Darío, Borges y muchísimos otros
nombres que ahora no vienen al caso). Todavía
no puedo describir lo que sentí leyendo
un libro tan hermoso, aunque fuese en aquella
edición descuidada e incompleta de Táber.
Al leerlo, se abrieron las puertas del abismo
para mí, de un abismo en el que florecían
las rosas inmortales de la imaginación,
los lirios del estilo y de la inteligencia;
de un abismo de sombras ancestrales y mágicas
por el que daba gusto perderse y despeñarse;
de un abismo en que Bien y Mal no eran tan sólo
conceptos antagónicos, sino también, y al mismo
tiempo, el haz y el envés de una misma moneda.
Tantos años después, recuerdo mi lectura
primigenia de Drácula, mientras siguen aullando
los lobos de la angustia y del aburrimiento
ahí fuera, mientras vierten noche oscura en el alma
los vampiros del mundo, la carne y el demonio.
Tantos años después, me acuerdo de Bram Stoker
y brindo por su Drácula con la sangre que brota
de la herida del tiempo que ha pasado.

Aiguablava, 16 de agosto de 2005.

(*El reino blanco* 2010)

I Recall Bram Stoker

When the world was young, when lands and seas
were still being formed in primeval silt,
when the air was beginning to emerge from the elemental
dross, when dinosaurs
were only a blueprint in the divine mind,
someone gave me a copy of Stoker's novel
Dracula, with a prologue by Pere
Gimferrer, my master (along with Pound, Cirlot,
Rubén Darío, Borges and many others
I need not mention here). I still
can't describe what I felt while reading
such a beautiful book, even if it was
in that sloppy, incomplete edition by Táber.
As I read it, the gates of the abyss opened up
for me, an abyss in which the immortal
roses of imagination bloomed,
the lilies of style and intelligence;
an abyss of ancestral and magical shadows
where it was a pleasure to get lost and tumble down;
an abyss in which Good and Evil were
not just antagonistic concepts, but also
the obverse and reverse of the same coin.
So many years later, I recall my first
reading of *Dracula*, while out there the
wolves of anguish and boredom keep on
howling as the vampires of the world, the flesh
and the devil pour dark night into the soul.
So many years later, I recall Bram Stoker
and make a toast to his *Dracula* with the blood that flows
from the wound of the time that has passed.

Aiguablava, August 16, 2005.

Jeannette Lozano Clariond

Las lágrimas de las cosas: Tres piedades por Ezra Pound

*Sunt lacrimae rerum, et mentem mortalia tangunt**

Heráclito

Fluye el archipiélago, no la voz.
La palabra, río de inconsciencias, llama
herida a la flor.
De anchuroso caudal, yegua blanca
es el tiempo en la arena.
Pero el río, materia del deseo,
se multiplica en el agua
y no vuelve. Un
instante
tu ojo
rasga
el velo
de la realidad.

La nieve arde en el sueño

1

Si digo bello no hablo de ti, oh dios de la lengua,
tampoco del elfo azul en el estanque
si digo bello hablo de la luz
de tus ojos que han visto la belleza
flotar en el lago: el cisne negro cuando nombra
las soledades del amor, las soledades del dolor
hablo del amor que bajo la casa resplandece:
la plata vieja sobre la consola de una casa vieja
porque el tiempo pule lo intocado por los dedos de Dios
porque el tiempo hace hendirse en nosotros las sombras.

---

* Virgilio, *Eneida*, I, "Hay lágrimas en las cosas y tocan a lo humano el alma".

JEANNETTE LOZANO CLARIOND

The Tears of Things: Three Pieties for Ezra Pound

Sunt lacrimae rerum, et mentem mortalia tangunt*

Heraclitus

The archipelago flows, not the voice.
The word, river of unconsciousness, calls
wounds to the flower.
Time is a white mare, broad
And flowing over sand.
But the river, the stuff of desire,
multiplies in the water
and doesn't come back. For an
instant
your eye
tears open
the veil
of reality.

Snow Burns in Dreams

1

If I say beautiful I do not speak of you, O god of the tongue,
nor the blue elf in the pond,
if I say beautiful I speak of the light
reflected in your eyes that have seen the beauty
floating on the lake: the black swan when it names
the solitudes of love, the solitudes of pain,
I speak of the love that glitters beneath the house:
the old silver on the console of an old house
because time polishes what the fingers of God haven't touched
because time causes shadows to break apart inside us.

---

*Virgil, *Aeneid*, I, "There are tears of things and mortal things touch the mind."

2
Un bosque se abre y su verdor es la duración
de aquellos ojos que una vez amé.
La nieve arde en el sueño y enciende
el corazón más dulce del otoño.

3
He perdido el hábito de avergonzarme:
mi corazón se inclina hacia el lado transparente del follaje.
Después, el presagio del hielo, largas noches de invierno,
el crujido de los leños sitiados por el azul cobalto de la llama.

Trinità dei Monti

Cuando el peso de la vida hunde tu cuerpo, cuando tu corazón se debilita
como una hoja de cilantro, cuando hasta el cabello se deshace como los
pelos del elote, cuando necesites que alguien seque las gotas de sangre en
tus pies, cuando aun tu rostro tiene que ser sostenido por la mano de tu
madre y el eco de las injurias se escucha en cada astilla de tu leño, entonces
me pregunto, Señor, cómo es posible que, ante las lágrimas de las cosas, no
pueda ver el púrpura y la humedad en la sandía, cómo no ver la perfecta
circunferencia en la manzana, cómo no escuchar la cantata desde el coro
que ahora alberga la deposición original de tu dolor.

Roma, junio 21, 2019

2
A forest opens up and its green is the duration
of those eyes I once loved.
The snow burns in dreams and lights
the sweetest heart of autumn.

3
I've lost the habit of being ashamed:
my heart leans toward the transparent side of the foliage.
And afterwards, the omen of ice, long winter nights,
the crackling of logs besieged by the blue cobalt of the flame.

Trinità dei Monti

When the weight of life sinks your body, when your heart grows weak like a coriander leaf, when even your hair falls out like the silky hair of the corn, when you need someone to wipe the drops of blood from your feet, when your face still has to be held in your mother's hand and the echo of insults is heard in every splinter of the wood, then I wonder, Lord, how can it be that, faced with the tears of things, I cannot see the purple and the moisture in the watermelon, I no longer see the perfect roundness in the apple, nor hear the cantata from the choir that harbors now the original deposition of your pain.

Rome, June 21, 2019

Antonio Colinas

Encuentro con Ezra Pound (1971)

Debes ir una tarde de domingo,
cuando Venecia muere un poco menos.
A pesar de los niños solitarios,
del rosado enfermizo de los muros,
de los jardines ácidos de sombras,
debes ir a buscarle aunque no te hable.
(Olvidarás que el mar hunde a tu espalda
las islas, las iglesias, los palacios,
las cúpulas más bellas de la tierra.
Que no te encante el mar, ni sus sirenas.)
Recuerda: Fondamenta Cabalá.
Hay por allí un vidriero de Murano
y un bar con una música muy dulce.
Pregunta en la pensión llamada Cici
dónde habita aquel hombre que ha llegado
sólo para ver gentes, a Venecia,
aquel americano un poco loco,
erguido y con la barba muy nevada.
Pasa el puente de piedra, verás charcos
llenos de gatos negros y gaviotas.
Allí, junto al canal de aguas muy verdes,
lleno de azahar y frutos corrompidos,
oirás los violines de Vivaldi.
Detente y calla mucho mientras miras.
Ramo Corte Querina: ése es el nombre.
En esa callejuela con macetas,
sin más salida que la de la muerte,
vive Ezra Pound.

ANTONIO COLINAS

Meeting with Ezra Pound (1971)

You should go on a Sunday evening,
when Venice dies a little less,
among the solitary children,
the rose pale sickness of the walls,
the gardens of acid shadows,
you must seek him, though he will not speak.
(The sea behind will be forgotten as it sinks
all islands, palaces and steeples,
the most beautiful domes on earth.
Do not be trapped by the mermaids and the sea.)
Remember: *Fondamenta Cabalá.*
There is a glass-maker from Murano
and a bar with gentle tunes.
Ask at an inn by the name of *Cici*
where dwells the man that has arrived
in Venice from afar to see these faces,
that half mad tall American
with a beard full of snow.
Cross the stone bridge, you'll see puddles
filled with black cats and seagulls.
There, by the canal of green green waters,
full of blossoms and corrupted fruit,
you will hear Vivaldi's violins.
Stop and be silent, while you look.
Ramo Corte Querina: that is the name.
In that narrow street with flowerpots
that can only lead to death
lives Ezra Pound.

(Translated by Ben Clark and Borja Aguiló)

Ofrenda

(E. P.)

Tú que hiciste de la ciudad muerta una oración.
Tú que ofrendaste a la mar que mira hacia Grecia
la nieve azul de tus ojos
para borrar definitivamente de tu alma
la Historia de los bárbaros.
Tú que al final ofrendaste el silencio de tus palabras
para que sólo hablase la música de los templos.
¿Ahora para qué en un tiempo vacío?

Amansaste las piedras que ardían en el laberinto
mientras los caballos de bronce
relinchaban por cielos de Giorgione;
como tú, deseaban huir de las ideas
con llagas del siglo XX,
pero sus cascos no lograban despegarse
del mármol hermoso de las terrazas,
los caballos también aullaban deseando huir
como tú, hacia la hoguera
de las verdades de Lao Zi y de Confucio.
Tú que en cada palabra de cada verso,
abriste mundos para muchos
como heridas de oro,
pues llegaste a leer en los cementerios
de las islas hundidas;
tú que lograste beber en las jaulas de Occidente,
el sol amargo de los escombros
de las tormentas de la guerra,
y que bebiste en la copa de Oriente
la paz de las ramas inclinadas de los sauces
sobre los lagos y los senderos en lunados
de los enamorados ausentes,
tú, ahora callas.

Offering

(E. P.)

You who made the dead city a prayer.
You who offered the blue snow of your eyes
to the sea that looks toward Greece
to erase from your soul forever
the History of the barbarians.
You who offered the silence of your words at the end
so that only the music of the temples would speak.
What use now in an empty time?

You tamed the burning stones in the labyrinth
while bronze horses neighed
in the skies of Giorgione;
like you, they wanted to escape the festering
ideas of the twentieth century,
but they couldn't raise their hooves
from the beautiful marble of the terraces,
the horses also howled, wishing like
you to flee towards the bonfire
of the truths of Lao Zi and Confucius.
You who in every word of every line
opened worlds like golden
wounds for many,
you even went to read in the cemeteries
of sunken isles;
you who managed to drink in the cages of the West
the bitter sun of rubble
from the storms of war,
and who drank from the cup of the East
the peace of willows bowing
over the lakes and moon-lit trails
of absent lovers.
Now you are silent.

Cegado por excesiva luz huiste de la vida.
¿Y ahora estás contemplando las tinieblas moradas
o acaso otra luz que es más luz?
Miro la turbulenta mar verde y rabiosa,
la sembrada de diamantes adriáticos,
la que pudre los muros del Arte,
la carne de los cuerpos más bellos,
y detrás de los palacios moribundos,
de la sabiduría moribunda de este tiempo,
me responde una sublime música
que todavía no muere,
que todavía no muere.

Blinded by too much light you fled from life.
And now you contemplate the purple shades
or maybe another light that is more than light?
I look at the wave-tossed green and raging sea,
the seedbed of Adriatic diamonds,
that crumbles the walls of Art,
rots the flesh of the loveliest of bodies,
and out of dying palaces,
from the dying wisdom of our time,
a sublime music responds.
It hasn't died yet.
It hasn't died yet.

Jordi Doce

Tres poemas para Ezra Pound

Después de la tormenta

Cuelgan las nubes sobre el tiempo
como una piel curtida
o el vientre de un animal
que marcha al sacrificio.
Aún tiemblan las ventanas
con el impacto del pedrisco
y en la aspereza del asfalto
palpita y se deshace
la mínima blancura de los hielos,
como siembra a destiempo
que ni el cuervo siquiera
codiciará.
          Pasajera furia
que sobrecoge, súbita, dispones
en el oído un fondo percusor
sobre el que vuelve a florecer la tarde,
feraz como el vapor de los jardines,
mientras arriba
las inquietas puntadas de la luz
abren en la grisalla
la imagen espectral
de un asombro para dubitativos.

JORDI DOCE

Three Poems for Ezra Pound

After the Storm

Across time the clouds hang
like skin, tanned and cured
or the belly of a beast
on its way to the stockyards.
Still, the windows tremble
from the pounding hailstones
which on hitting the asphalt
palpitate and shatter
into tiny white bits of ice
like off-season seeds
not even the raven
would covet.
            The passing fury
that startled you, suddenly, hammers
in your ear a deep echo
from which the afternoon blooms again
fertile as the mist on gardens
while high above you
restless streaks of light
burst through the gray sky
in a ghostly image,
a brief moment of wonder for the dubious.

(Translated by John Gery)

Refugio antiguo

Como ahora, los ojos
se abrazaban al tejo abrumador
y bebían, con avidez
que tal vez fuera miedo
–un síntoma del miedo–,
del negro impenetrable de su tronco.
En la quietud de araña del ramaje
hallaban el alivio pasajero
que la nieve y su mica les negaba,
la nieve y su blancura ufana,
la nieve y su distancia sin caminos.
Entonces, como ahora,
la forma era un refugio,
un paso hacia el sentido o su ilusión.
No el parque con sus setos hambrientos,
no el estanque varado entre desechos y hojas pálidas:
la silueta tenaz de un árbol solo,
que nada turba.
Su rigor me visita algunas tardes,
como entonces,
con su complicidad de faro antiguo:
es la sombra que insinúa palabras,
el ovillo que muestra, al desplegarse,
lo que de mí no comprendía.
Acudo a él para cruzar, a su dictado,
el blanco de esta página y las que vendrán,
los días y las noches que son nieve y son frío
y son un libro indemne
donde el tejo escribe conmigo, para mí.

Ancient Refuge

Like now, the eyes
gazed at the domineering yew tree
and drank, greedily
or maybe from fear
–a symptom of fear–,
from its trunk's impenetrable blackness.
In the spidery stillness of its twigs
they found brief respite
that the snow with its mica-like specks denied them
the snow with all its pure white pride,
the snow with its uncrossable distance.
Then, like now,
the form was a refuge,
a way station to sense and its illusion.
Not the park with its hungry hedges,
nor the lake stranded among the debris and pale leaves:
the hard silhouette of the tree alone
that nothing disturbs.
Some afternoons it comes back to me,
as before,
loyal as an ancient lighthouse:
it is the shadow that elicits words,
the thread that reveals, as it unravels,
that part of me incomprehensible.
I turn to it, at its call, to cross
the white expanse of this page and those to come,
the days and nights that are snow and are cold,
and are a blank book
where the yew writes with me, for me.

(Translated by John Gery)

Traductor

Tal vez fuera preciso, en este punto,
cuando la voz se desconoce
y el recuerdo es una espiral
de escenarios ajenos,
hallar consuelo en este anonimato,
o esperar, con ambigua fe,
que algunos a quienes di mi voz
se levanten, furiosos, y proclamen
que no son suyos tales versos,
que no supe ser fiel a su latido
mientras yo, fracasado a mi pesar,
bajo sus nombres daba a ocultas
la historia de mis días.

Translator

Perhaps it would be exact, at this point,
when the voice is unknown
and memory is a whirlwind
of others' stories,
to take consolation in this anonymity,
or to hope, with uncertain faith,
that some to whom I gave my voice
will arise, furious, and proclaim
that those lines are not their lines,
that I was not loyal to their pulse
while I, failing to carry my weight,
concealed behind their names, told
my own story.

(Translated by John Gery)

Juan Antonio González-Iglesias

Un poema es mejor que Google Maps

> Debes ir una tarde de domingo
> ....
> Que no te encante el mar y sus sirenas
> ....
> Détente y calla mucho mientras miras
> ....
>
> Antonio Colinas

Llevamos ya viviendo algunos meses
en su ciudad. Hoy vamos a su casa.
Ni el plano de papel ni el de smartphone
valen para este hermoso laberinto.
Nos vamos a orientar con un poema.
Un poema es mejor que Google Maps,
claro poema, donde se ve todo
en relieve, los muros, los jardines
las cúpulas mas bellas. Como nautas
armados de tarjeta Imob, de sílabas,
partimos del marmóreo embarcadero
de Ca d'Oro, atrás quédese su frágil
tracería de ojivas y trilóbulos,
surquemos el Canal Grande sin prisa,
prestando al canto de cada sirena
la atención de los sueños, singladura
preciosa en una línea tan quebrada
que no se olvida de ángulo ninguno
para alzar una única belleza,
parteluces, dinteles, campaniles,
puentes y altanas, no hay itinerario
mas rico en esta Tierra. Hasta este punto.
Hasta esta albicante escalinata

JUAN ANTONIO GONZÁLEZ-IGLESIAS

A Poem Is Better than Google Maps

You should go on a Sunday evening
....
Do not be trapped by the mermaids and the sea
....
Stop and be silent, while you look
....

Antonio Colinas

We have been living some months
in his city. Today we go to his house.
Neither the folded paper map, nor the smartphone
can help us in this beautiful labyrinth.
We will orient ourselves with a poem.
A poem is better than Google Maps,
a clear poem, in which everything is seen
in relief, the walls, the gardens,
the most beautiful domes. Like seamen
armed with an Imob card, with syllables
we depart from the marble dock
of Ca d'Oro, and leaving its delicate tracery
of ogives and trilobes behind,
we shall slowly plough the Grand Canal,
heeding, as in a dream, the song
of every siren, a gorgeous
voyage in a line so broken
we shall not forget even the smallest
angle of incomparable beauty,
mullions, dintels, campanilles,
bridges and temples, there is no itinerary
richer on this Earth. Up to this point.
To this white stairway

tocada por el mar, de la Salute.
Sin rumbo, estamos cerca, bordeamos
La punta anclada, la impaciente proa
de la Dogana. Salen de un portal
unos vecinos, pero no conocen
a aquel americano enamorado
de Europa, el que logró escapar de alli
fingiendo no estar loco y no estar cuerdo.
Aquí son las gaviotas y los gatos
los que nos guían. Es aquí. Las líneas
hablan de amor que no se extingue nunca.
Questa casa abitò per mezzo secolo.
Esta sencillla casa. Del buzón
sobresale un polícromo folleto
con las ofertas de un hipermercado.
Grandes fotografías de productos
con los precios en euros. *Sotto costo.*
Nos parece un cuaderno literario,
edición no venal, raro tesoro.
Callamos en la tarde de domingo.
Callamos mucho mientras contemplamos.
Soul melt into air, anima into aura.
A una sola palabra hemos llegado.
Un poema es mejor que Google Maps,
mejor que Google Earth. La callejuela
con macetas, agua verdeante,
el lugar en el mundo, en este encuentro
con Ezra Pound.

touched by the sea, of the Salute.
Wandering aimlessly, coming near, we skirt
the anchored point, the impatient bow
of the Dogana. Some neighbors emerge
from a portal, but they do not know
that American enamored of
Europe, the one who managed to escape from there
by feigning that he was not mad and was not sane.
Here seagulls and cats
are our guides. This is it.
The lines speak of love that can never be extinguished.
Questa casa abitò per mezzo secolo.
A simple house. From the mailbox
a polychrome pamphlet sticks out
with offers from a supermarket.
Garish pictures of products
with prices in Euros. *Sotto costo.*
It seems to us to be a literary notebook,
not a venal publication, a rare treasure.
We stand there silent on a Sunday afternoon.
We stand there silent, and we contemplate.
Soul melt into air, anima into aura.
We've arrived at a single word.
A poem is better than Google Maps,
Better than Google Earth. The alleyway
With flowerpots, greenish water,
this place in the world, in this encounter
With Ezra Pound.

Jorge Guillén

Ezra Pound: Motivo.

A Vanni Scheiwiller

Un viento leve vi. Buscándome venía
Por bosques sosegados.
Contemplé un viento leve. Buscándome venía
por mares sosegados.
Entre follajes de terrenos foscos
mi camino seguí.
Noche y día, por aguas silenciosas,
Anduve errando
tras el viento leve.

JORGE GUILLÉN

Ezra Pound: Motive.

For Vanni Scheiwiller

I saw a light wind. It searched for me
Through quiet woods.
I beheld a light wind. It searched for me
Through quiet seas.
Into the foliage of dreary lands
I followed my path.
Night and day, through silent waters,
I wandered in the wake of
The light wind.

JULIÁN HERBERT

Ezra

Hoy vino a visitarme
el león del Barrio Latino.
Almorzamos salmón con galletitas
y miramos a través de la ventana
los pliegues de la sierra de Zapalinamé.

Le dije: "Soy
muy desgraciado. Amo a una esclava
que me frota la piel con aceites
mientras sueño con la albura fría y tierna
de mi mujer"… Y él (rascándose
las cejas): *Lo primero*
era esto: seis siglos
que no habían sido empacados.
Se trataba de trabajar con material
que no estaba en la Commedia.

En la cítara de arrugas de su rostro
desfilaban fases verdes,
rojizas y naranjas;
no sé si eran humores melancólicos
o centellas de pájaros canoros
generadas adrede por un truco verbal.

"Maestro –le rogué–, dispensa estas aletas,
la vulgar vocación de caminar como un pingüino
por los pliegues de la referencia,
mi réprobo latín aprendido en Perales,
mi afectada manera de ver telenovelas."

Se limpió las migajas de la barba
y preguntó tu nombre.

JULIÁN HERBERT

Ezra

Today the lion of the Latin Quarter
came to visit me.
We had salmon and crackers for lunch
and we watched the folds of the Zapalinamé mountains
through the window.

I told him: "I am
very unhappy. I love a slave girl
who rubs my skin with oils
while I dream of the soft, cool whiteness
of my wife". . . And he (scratching his
his eyebrows): *At first there*
was this: six centuries
that hadn't become bogged down ...
It was about working with material
that wasn't in the Commedia.

Green, reddish and orange phases
marched across
the zither of his wrinkled face;
I don't know whether they were melancholy moods
or the scintillations of singing birds
deliberately generated by a verbal trick.

"Master," I begged him, "dispense with these fins,
the vulgar vocation of walking like a penguin
through the creases of reference,
my reprobate Latin learned in Perales,
the affected way I watch soap operas."

He wiped the crumbs from his beard
and asked your name.

"Anabel, respondí
Anabel, Anabel, Anabel: *it was many*
and many a year ago
in a kingdom by the sea." Y los ojos
del anciano león fotografiado en blanco y negro
eran gemelas beatrices portinari
derramadas en mi piel
como un bálsamo chino fraudulento.

Pasaron horas. Secuencias de la luz. Hubo un instante
de bienestar cuando las sombras
descendieron sobre todas las formas,
velando su belleza.
Él encendió un candil y dijo: "su pelo
también cambiará de color."
Luego tomó sus libros, un último sorbo de café,
y me explicó que más que el opio de una amante
amaba las soleadas terrazas de Provenza.

Yo envidié la dulzura
de su senil sinceridad: primavera
tan lejana.

                (*Vientos del siglo. Poetas mexicanos* 1950–1982)

"Anabel," I answered.
"Anabel, Anabel, Anabel, Anabel: *it was many*
and many a year ago
in a kingdom by the sea." And the eyes
of the old lion photographed in black and white
were twin beatrice portinaris
poured on my skin
like a fraudulent Chinese balm.

Hours passed. Sequences of light. There was an instant
of well-being when the shadows
descended on all forms,
veiling their beauty.
He lit a candle and said, "Her hair
will also change color."
Then he took his books, a last sip of coffee,
and explained to me that more than the opium of a mistress
he loved the sunny terraces of Provence.

I envied the sweetness
of his senile sincerity: spring
so far away.

MARÍA ÁNGELES PÉREZ LÓPEZ

[El punzón]

El punzón reconcilia los oficios.
Sobre el cuero y la piel, en la hojalata,
en la lámina ardiente del metal
el punzón atraviesa las tareas,
la matriz que sostiene los objetos
como cobijo firme y silencioso,
expoliación, entrega del vivir.

Percute con violencia amabilísima
en el botón del sastre y su cansancio,
su redonda manera de decir
que noche y madrugada son lo mismo
cuando canta, agotada, la pobreza.

Percute en las insignias, las medallas,
los broches que apaciguan su altivez
con el beso de acero, con su herida.
Percute en el troquel del beneficio,
también en las monedas que mancharon
el pan envilecido y harapiento
si lo amasó la usura, y no el amor.

Cuando el lucro emponzoña la mañana,
el punzón pide a gritos la alegría
con que las manos aman el trabajo
como surco que hiere y restituye.

con Ezra Pound

María Ángeles Pérez López

[The Puncheon]

The puncheon conciliates trades.
On all kinds of leather, on tin,
on the blazing metal sheet
the puncheon encompasses tasks,
a womb that holds all objects
like a strong and silent shelter,
plunder, the surrender of life.

It strikes with the friendliest violence
On the tailor's button and his weariness,
His roundabout way of saying
That night and dawn are the same
When poverty, exhausted, sings.

It strikes on badges, on medals,
On the brooches that temper their haughtiness
Beneath its steel kiss, beneath its wound.
It strikes the die of profit,
And also the coins that stained
The degraded and crumbling bread
If amassed by usury instead of love.

When profit poisons the dawn,
the puncheon cries out joyfully
of hands that love work
like a groove that wounds and restores.

With Ezra Pound

[El bisturí]

El bisturí inocula su dolor.
En el corte limpísimo florece
el polen que envenenan las avispas,
su aguijón turbulento y ofensivo.
La mesa del quirófano está lejos
de la luz y la tierra del jardín,
su amor desesperado por la vida
y el material mohoso del origen,
lejos de la pasión de los hierbajos
y la piedra porosa en la que sangra
la desgastada edad de las vocales
que escribieron verdad y compañía.

En la asepsia que exige el hospital,
el bisturí recorta el corazón
de la página blanca del poema,
la sábana que tapa el cuerpo enfermo.
No queda ni memoria ni alarido,
tan solo un hueco rojo en el lenguaje.
En la mano que empuña la salud
hay sin embargo un corte diminuto,
una línea de sangre y su alfabeto.

(*Fiebre y compasión de los metales* 2016)

[The Scalpel]

The scalpel inoculates its pain.
Its perfectly clean incision deposits
the pollen that poisons wasps,
their turbulent and offensive sting.
The surgeon's table is far from
the light and soil of the garden,
its desperate love of life and
the moldy material of origins,
far from the passion of the weeds
and the porous stone where the
wasted age of the vowels that
wrote out truth and company bled.

In the surgical asepsis the hospital
Demands, the scalpel cuts into the
heart of the blank page of the poem,
the sheet that covers the diseased body.
Neither memory nor scream remains,
only a reddened hole in language.
There is, however, in the hand that
deals out health, a tiny incision,
a line of blood and its alphabet.

Gonzalo Rojas Pizarro

No le copien a Pound

No le copien a Pound, no le copien al copión maravilloso
de Ezra, déjenlo que escriba su misa en persa, en cairo-arameo, en
sánscrito,
con su chino a medio aprender, su griego translúcido
de diccionario, su latín de hojarasca, su libérrimo
Mediterráneo borroso, nonagenario el artificio
de hacer y rehacer hasta llegar a tientas al gran palimpsesto de lo Uno;
no lo juzguen por la dispersión: había que juntar los átomos,
tejerlos así, de lo visible a lo invisible, en la urdimbre de lo fugaz
y las cuerdas inmóviles; déjenlo suelto
con su ceguera para ver, para ver otra vez, porque el verbo es ése: ver,
y ése el Espíritu, lo inacabado
y lo ardiente, lo que de veras amamos
y nos ama, si es que somos Hijo de Hombre
y de Mujer, lo innumerable al fondo de lo innombrable;
no, nuevos semidioses
del lenguaje sin Logos, de la histeria, aprendices
del portento original, no le roben la sombra
al sol, piensen en el cántico
que se abre cuando se cierra como la germinación, háganse aire,
aire-hombre como el viejo Ez, que anduvo siempre en el peligro, salten
intrépidos
de las vocales a las estrellas, tenso el arco
de la contradicción en todas la velocidades de lo posible, aire y más aire
para hoy y para siempre, antes
y después de lo purpúreo
del estallido
simultáneo, instantáneo
de la rotación, porque este mundo parpadeante sangrará,
saltará de su eje mortal, y adiós ubérrimas
tradiciones de luz y mármol, y arrogancia; ríanse de Ezra
y sus arrugas, ríanse desde ahora hasta entonces, pero no lo saqueen;

Gonzalo Rojas Pizarro

Don't Copy Pound

Do not copy Pound, do not copy the marvelous copycat, Ezra,
let him write his mass in Persian, in Cairo-Aramaic, in Sanskrit,
with his half-learned Chinese, his translucent dictionary
Greek, his flaky Latin, his liberal
fuzzy Mediterranean, the nonagenarian artifice
of making and remaking till he groped his way to the great palimpsest of
the One;
do not judge it for its dispersion: the atoms had to be gathered,
woven together, from the visible to the invisible, in the warp of the
evanescent
and motionless strings; let him be free
to see with his blindness, to see again, because this is the verb: to see,
and this is the Spirit, the unfinished,
and the burning, that which we truly love
and loves us, if indeed we are the Son of Man
and of Woman, the numberless at the bottom of the unnamable;
no, new demigods
of the language without Logos, of hysteria, apprentices
of the original wonder, do not steal the shadow
from the sun, think of the canticle
that opens when it closes like germination, make yourselves air,
man-air like old Ez, who always walked in danger, leap intrepidly
from the vowels to the stars, tense the bow
of contradiction tensed to all the speeds of the possible, air and more air
for today and forever, before
and after the purple
of the simultaneous,
instantaneous outburst
of rotation, because this quivering world will bleed,
will leap from its mortal axis, and then farewell to abundant
traditions of light and marble, and arrogance; laugh at Ezra
and his wrinkles, laugh from now until then, but do not plunder him;

ríanse, livianas
generaciones que van y vienen como el polvo, pululación
de letrados, ríanse, ríanse de Pound
con su Torre de Babel a cuestas como un aviso de lo otro
que vino en su lengua;
cántico,
hombres de poca fe, piensen en el cántico.

(*Oscuro* 1977)

laugh, fickle
generations that come and go like the dust, swarms
of literati, laugh, laugh at Pound,
with his Tower of Babel on his back like a warning from the other
that came in his tongue;
canticle,
men of little faith, think of the canticle.

Jaime Siles

Tragedia de los caballos locos

A Marc Granell

Dentro de los oídos,
ametralladamente,
escucho los tendidos galopes de caballos,
    de almifores perdidos
           en la noche.
Levantan polvo y viento,
        al golpear el suelo
sus patas encendidas,
      al herir el aire
sus crines despeinadas,
      al tender como sábanas
sus alientos de fuego.
Lejanos, muy lejanos,
      ni la muerte los cubre,
desesperan de furia
      hundiéndose en el mar
y atravesándolo como delfines vulnerados de tristeza.
Van manchados de espuma
       con sudores de sal enamorada,
ganando las distancias
      y llegan a otra playa
y al punto ya la dejan,
      luego de revolcarse, gimientes,
después de desnudarse las espumas
       y vestirse con arena.
De pronto se detienen. Otra pasión los cerca.
El paso es sosegado
      y no obstante inquieto,
los ojos coruscantes, previniendo emboscadas.
El líquido sudor que los cubría

JAIME SILES

Tragedy of the Mad Horses

For Marc Granell

In my ears,
I hear the machine-gunned
 galloping of horses fading,
         of pack-mules lost
                         in the night.
Their hooves of fire
                     raise dust and wind
when they hit the ground,
                     when their manes like whips
wound the air,
             when their flaming gasps
snap out like sheets.
Far, far away,
             not even death can shelter them,
they furiously despair
                     and sink into the sea
and cross it like dolphins weakened by sadness.
Stained with foam
             with the sweat of loving salt,
they swim and swim
             and come to another beach
and ready now they leave it,
                     then they tumble, moaning, in the surf
and shake off the foam
             and cover themselves in sand.
Suddenly they stop. Another obsession takes hold.
Their pace is deliberate
                 though also nervous,
their eyes wide and bright, fearing an ambush.
The dripping sweat that covered them

se ha vuelto de repente escarcha gélida.
Arpegian sus cascos al frenar el suelo que a su pie se desintegra.
Ahora han encontrado de siempre, sí, esperándoles
        las yeguas que los miran.
Ya no existe más furia ni llama que el amor, la dicha de la sangre,
las burbujas amorosas que resoplan
        al tiempo que montan a las hembras.
Y es entonces el trepidar de pífanos, el ruido de cornamusas,
        el musical estrépito
que anuncia de la muerte la llegada.
Todos callan. Los dientes de golpean quedándose
soldados.
        Oscurece. La muerte los empaña, ellos se entregan
y súbito, como en una caracola fenecida, en los oídos escucho
un desplomarse patas rabiosas, una nueva de polvo levantado por crines,
un cataclismo de huesos que la noche se encarga
        de enviar hacia el olvido.

(*Génesis de la luz* 1969)

has suddenly turned to icy frost.
Their hooves stutter and stop on the ground that crumbles beneath them.
Yes, they've found forever the staring mares
            that await them.
There is no greater fury nor flame than love, bliss of the blood,
bubbling in their snorts
            as they mount the females.
And then the throbbing of fifes, the noise of cornets,
            a din of music
announces the arrival of death.
Everyone is silent. Their teeth rattle and are
soldered shut.
            Darkness falls. Death settles over them, they expire
and suddenly, as in an empty shell, I hear in my ear
a furious beating of hooves, another cloud of dust raised by manes,
a cataclysm of bones that the night is willing
            to send into oblivion.

La cuestión homérica: A vueltas con la Ilíada

A Don Martín S. Ruipérez, in memoriam

Delante de mis ojos veo a Aquiles combatiendo.
Mirmídones y dólopes no se quedan atrás:
avanzan con todo su pesado armamento, mientras
Héctor y los troyanos cierran filas en frente
y las flechas de ambos se cruzan en el aire
como enjambres de abejas
 y las lanzas de bronce brillan bajo el intenso sol.
Tengo dieciséis años y leo en griego
los versos de la Ilíada que ignoro entonces
cuánto y de cuántas formas me van a acompañar.
Cóncavas naves navegan por mi mente.
Catálogos de armas y guerreros también.
Se me va haciendo familiar su estilo:
tanto como el de las palabras
que cada hexámetro, bajo la luz del flexo,
extiende sobre mí. Quiero que los aqueos
venzan y los troyanos pierdan, o al revés.
Me gustan los parlamentos de los dioses.
Admiro la belleza de Helena, que imagino,
los recursos de Ulises, la humanidad de Héctor,
los consejos de Hipóloco a Glauco y cómo
las generaciones de los hombres
—como las de las hojas— están destinadas a caer.
Todo está dicho —muy bien dicho— allí.
Cada composición tiene estructura,
cada ser humano es un relato, cada héroe
es una canción. Leo cómo los dos ejércitos
se mueven, cómo va sucediendo todo
lo que en la caída de Troya sucedió.

Tengo sesenta y cinco años y leo a Homero
en griego y ya no soy aquel ni el mismo

The Homeric Question: Coming Back to the Iliad

For Martín S. Ruipérez, in memoriam

I see Achilles fighting before my eyes.
Myrmidons and Dolopes aren't far behind:
they charge with all their heavy weapons, while
Hector and the Trojans close ranks in front
and both armies' arrows fly through the air
like swarms of bees
and bronze spears flash beneath the beating sun.
I'm sixteen years old and I read the verses
of the *Iliad* in Greek, not knowing then how much
and in how many ways they were going to haunt me.
Concave triremes row through my mind.
Lists of weapons and warriors as well.
I'm growing familiar with its style,
both of the Greeks and of the words.
They take me over, in the light of my lamp,
with every hexameter. I want the Achaeans to
win and the Trojans to lose, or the other way round.
I love the orations of the gods.
I admire Helen's beauty, which I see in my mind,
the resources of Ulysses, the humanity of Hector,
Hippolochus' counsel to Glaucus and how
generations of men – like leaves –
are destined to fall.
Everything is said – and well said – there.
Each composition has structure,
every human being is a tale, every hero
is a song. I read how the two
armies move, how everything is happening
that happened in the fall of Troy.

I'm sixty-five years old and I read Homer
in Greek and I'm no longer that

muchacho que hace cincuenta años lo leyó.
El texto no ha cambiado y sigue siendo el mismo.
Delante de mis ojos Aquiles sigue
combatiendo. Los mirmídones y los dólopes
no se quedan atrás: avanzan con todo su pesado
armamento, mientras frente a ellos cierran filas
Héctor y los troyanos y las flechas de ambos
se cruzan en el aire como enjambres de abejas
y las lanzas de bronce brillan bajo el intenso sol.
La familia de Príamo contempla cómo se desarrollan
los combates y las cóncavas naves varadas en la playa
y las tiendas del campamento aqueo y a Menelao
 y Agamenón. Soy yo, y no ellos, el que cambia.
Soy yo el que, al no formar parte de la Ilíada,
está de antemano condenado a morir. Navego
por la página como el sol por sus rutas
y voy viendo cadáveres cerca o en torno a mí
y no son de troyanos ni de aqueos ni de dólopes:
son de padres, familiares, compañeros y amigos.
Nada muere en el verso: el ritmo del hexámetro
con su ámbar protege el tiempo que no acaba
nunca de suceder, pero el nuestro termina.
No: no mueren los héroes de La Ilíada
sino nosotros, sus lectores, que, a diferencia de ellos,
somos lo que somos pero sólo una vez.
Sólo como ficción el ser perdura. Pero nuestra epopeya
no es el combate en las playas de Troya
sino otro más humilde, condenado
a un oscuro y anónimo morir. Por eso mismo
siguen teniendo su sentido Héctor y Aquiles,
Patroclo, Príamo, Helena, Agamenón.
Ellos ni morirán ni han muerto. Pero nosotros sí.

(*Galería de rara antigüedad* 2018)

same boy who read it fifty years ago.
The text is still the same.
Achilles still is fighting before
My eyes. Myrmidons and Dolopes don't
hang back: they charge with all their heavy
weapons, while before them Hector and the Trojans
close ranks and the arrows of both armies
fly through the air like swarms of bees and
bronze spears flash beneath the beating sun.
Priam's family watch as the battle continues
and see the concave triremes stranded on the beach
and the tents in the Achaean camp and Menelaus
and Agamemnon. It's I, not them, who changes.
It is I who, not being part of the *Iliad*,
Have been foredoomed to die. I sail
across the page like the sun through the sky
and notice corpses near or around me
and they aren't Trojans or Achaeans or Thracians:
they're parents, relatives, peers and friends.
Nothing dies in the verse: the rhythm of the amber
hexameter safeguards a time that never
ceases happening, while ours does.
No: the heroes of the *Iliad* do not die
but we, their readers, do; unlike them,
we are what we are only once.
Our being only endures in fiction. Our epic
is not the battle on the beaches of Troy,
but a different, more humble one, condemned
to a dark, anonymous death. That's why
Hector and Achilles, Patroclus, Priam,
Helen, Agamemnon still have meaning for us.
They have not died. They will not die. We have, and we will.

ANGLO-AMERICAN POETS

POETAS ANGLO-AMERICANOS

JOHN BEALL

Self-Portraits at the Prado

Goya's self-portrait is so small
                It might fit in Velasquez's boot
                In "Surrender at Breda."

His black eyes pierce forward,
Turned from the frame
                Before him.

He paints his silken
Necktie in creamy, smooth white
And ruby, but his eyes are furies.

Loose brush strokes show his frizzled
                Brown hair covering his ears,
Becoming deaf, like Beethoven.

                Quinta del Sordo is twenty-five years
                To come, with its Black Paintings
                Of witchcraft, Saturn engorging a son.

                Here Goya paints himself in miniature—
                For whom?—fixing his dark eyes
                On whom?

He paints his right arm as if cut
                By the plain frame before which he glares
From a greenish-grey background,

His brushes out of view, his
Signature on the back
Of the brown frame

In the painting, "Goya."

John Beall

Autorretratos en el Prado

El autorretrato de Goya es tan pequeño
　　　　Que podría caber en la bota de Velázquez
　　　　En "La Rendición de Breda".

Sus ojos negros nos traspasan,
Apartan la vista del marco
　　　　Frente a él.

Pinta su corbata de seda
De un blanco cremoso y suave
Y de rojo rubí, pero sus ojos son furias.

Muestra la suelta pincelada el pelo crespo
　　　　　Y castaño que le tapa las orejas,
Se estaba volviendo sordo, como Beethoven.

　　　　La Quinta del Sordo tardaría aún veinticinco años
　　　　En llegar, con sus pinturas negras
　　　　De brujas, Saturno devorando a su hijo.

　　　　Aquí Goya se pinta a sí mismo en miniatura...
　　　　¿Para quién? Para fijar sus ojos oscuros
　　　　¿En quién?

Se pinta el brazo derecho como si estuviera cortado
　　　　Por el sobrio marco desde el que mira amenazante
Desde un fondo gris verdoso,

Los pinceles ocultos, su
Firma en el reverso
Del marco marrón.

En el cuadro, "Goya".

David Cappella

Like Snow

Moments like snow,
melt unnoticed

until no longer
there. Gone.

A measure dissolves
in the waiting –

for the doorbell's ring
to split the silence

or the spruce shadow
to spear an oak leaf,

while galaxies spiral
and spin –

David Cappella

Como la nieve

Como la nieve, momentos
que se funden inadvertidamente

hasta desaparecer.
Sin más.

Se disuelve una medida
a la espera…

de que el timbre de la puerta
quiebre el silencio

o la sombra de la pícea
atraviese una hoja de roble,

mientras giran las galaxias
en espiral…

Ethereal

Four deer come to browse…
a slow-motion haiku:
thin tendon lines in their legs
stretched tight to spring at danger,
shoulders flexed for speed,
those ankles, dainty and light.

They nose through scratchy woods,
nibbling low branches and shrubs,
wander up the hill in no rush, stop
to lift lowered heads in stiff-ear alert.

How still they are as they move,
white tails twitching in fading light.
Soundless in such wide-open seclusion
their hooves on frozen snow.

Etéreo

Cuatro corzos se acercan a pastar…
un haiku a cámara lenta:
las finas líneas de sus tendones
en tensión para el salto ante el peligro,
los hombros en flexión para la carrera,
y esos ligeros y delicados tobillos.

Husmean en la maraña del bosque
y mordisquean ramas bajas y arbustos,
recorren sin prisa la colina, se detienen
y alzan cabezas y oídos siempre alerta.

Qué quietos están cuando se mueven,
sacuden sus colas blancas en la tenue luz.
Mudas en tan abierta reclusión
sus pezuñas sobre la nieve helada.

The Lawn

The spring starflowers
a universe of constellations

the lemon clover
clouds of yellow galaxies

and the chaste green lawn
dark matter sustaining them

El prado

La borraja en flor
un universo de constelaciones

la acederilla
nubes de galaxias amarillas

y el casto verdor del prado
la materia oscura que las acoge

Patrizia de Rachewiltz

Little winds through leaves
bring green patterns to my sighs,
lonely nightingale.

**

A chosen grass-blade
among heaps of hay and thorns,
how sharp the scythe of season.

**

Now pale daffodils
against the cold breath of spring,
seagulls tip my heart.

**

Day breaks
& the doves coo

Black paws
On the brick wall

Nothing is written
In stone –

Bird's nest made
Of twigs and hair

Your cold hand
On my breast –

PATRIZIA DE RACHEWILTZ

Pequeños vientos a través de las hojas
traen verdes estampados a mis suspiros,
solitario ruiseñor.

**

Una hoja de hierba elegida
entre briznas de heno y espinas,
qué afilada es la guadaña de la estación.

**

Ahora los pálidos narcisos
contra el frío aliento de la primavera,
Las gaviotas vuelcan mi corazón.

**

El día despunta
& las palomas zurean

Zarpas negras
En la pared de ladrillo

No hay nada escrito
Sobre la piedra;

Nido de pájaro
de pelo y ramitas

Tu mano fría
sobre mi pecho...

Monday

The flame is calm
Where do birdies sleep?
T'is well past midnight
A bitter taste
On my tongue
One hour behind
In Belfast
My beloved Athens of the North
Where I still walk
Way ahead of you
Up the steep Cave Hill
To lie on a warm slab of stone

My skirt around my waist
A sacrifice to the gods
The Dead not far away
I hear their whisper
Hour to hour
Que seas feliz, feliz, feliz
Let us dance the dance
The marathon of life!

Lunes

La llama está en calma
¿Dónde duermen los pajaritos?
Ya es medianoche pasada
Un sabor amargo
En mi boca
Una hora menos
En Belfast
Mi amada Atenas del norte
Por donde todavía camino
Muy por delante de ti
Por la empinada Cavehill
y me tumbo en una cálida losa de piedra

Mi falda alrededor de la cintura
Una ofrenda a los dioses
Los muertos no andan lejos
Escucho sus susurros
De hora a hora
Que seas feliz, feliz, feliz
Bailemos el baile
¡El maratón de la vida!

Wednesday

Way back the path ahead
The horse's mane, golden
Corn fields long forgotten –
   One seed carried by the winds
To the farthest corners
Of God's mind
What was left behind
Will be remembered
   If & so
And possibly yet more
Your smile the only answer
The abyss into and beyond
I reach out
And before falling
Know you've got me –

Miércoles

Desde lejos por el camino que se abre
La crin del caballo, dorados
Los campos de maíz hace tiempo olvidados,
   Una semilla llevada por los vientos
Hasta los rincones más lejanos
De la mente de Dios
Lo que se dejó atrás
Será recordado
   Si & así
Y posiblemente aún más
Tu sonrisa es la única respuesta
El abismo dentro y más allá
Extiendo el brazo
Y antes de caer
Sé que me sujetas...

PAUL SCOTT DERRICK

BETWEEN

Fluidly moves the lycanthrope
into and through the
golden air of
my dream.
Not one speck
of this glowing landscape
stirs
with the slightest
hint
of a breath.
The diptych is painted with heavy flecks
luxurious layers as
thick as tinted flesh
from a long-abandoned brush.

RIGHT Here there is a mazy forest filled with crazy shades. The tangled
PANEL branches of trees that have no name. In the lozenges between them
you can see the shapes of turrets and façade. Angular stonework
stilled in the dying light of the day.

LEFT   Here the woods give way to an open plain; it rolls toward the line of
PANEL the sky. The earth in the distance is almost black where it touches.
the fading intensity of early evening air. Above, and faraway, two
tiny silver points of light, and the plate of the moon, engraved.

But only the werewolf moves –
emerges now
from the shadows beneath the trees.
Its muscular limbs, covered with
delicate jewel-like fur, are
graceful as a waterfall.
See how its body
flows
across the space, from
right to left,
yet never disappears.

PAUL SCOTT DERRICK

En medio

Se mueve el licántropo con fluidez
hacia y a través del
aire dorado de
mi sueño.
Ni una mota de
este paisaje refulgente
se mueve
con el más ligero
indicio
de una respiración.
El díptico está pintado de intensas manchas
lujosas capas tan
gruesas como carne teñida
con un pincel hace tiempo abandonado.

PANEL
DERECHO

Aquí hay un bosque laberíntico de sombras delirantes. Las
ramas enmarañadas de los árboles que no tienen nombre. En
los rombos que forman sus espacios se ven las sombras de torres y
fachada. Angular cantería detenida en la luz moribunda del día.

PANEL
IZQUIERDO

Aquí los bosques dan a una llanura abierta; se despliega hacia el
horizonte. La tierra lejana es casi negra donde roza la intensidad
desvaneciente del aire vespertino. En lo alto, y a lo lejos, dos pun-
titos de luz plateada, y el brillo en relieve de la luna llena.

Pero sólo se mueve el hombre lobo,
emerge ahora
de las sombras entre los árboles.
Sus fornidas extremidades, cubiertas
de vello delicado como una joya,
gráciles como una cascada.
Ved cómo fluye
su cuerpo
por el espacio, de
derecha a izquierda,
aunque nunca se desvanece.

Andromorph

At first it was only a low stone wall, put carefully together, one stone
leaning its weight into the other, by hands whose owners we would
never know.

We watched it there, without a word, each one absorbed in a private
world of reverie.

Then something happened. I saw how some of those stones began to
move! They trembled and nudged, they pulled themselves together,
and from that wall a living shape emerged.

I was worried when I thought you didn't see it (Was this some kind of
phantom monster only meant for me?), but then you did. And that
made it real.

Oh, it was odd. A wall had pulled up roots and come to life. Two legs,
two arms, a head. It didn't have a face. Just that mineral façade with
a mouth. We talked. Its voice was low and gravelly. But I don't
remember what it said.

It mustn't have been important.

Before it left to get on with its new existence though, I needed to ask it a
question. I do remember this: "You were there." I pointed to the gap
in the wall. "You should know. Stones . . . do they think?"

It swivelled its featureless head my way. "Think?" It thought. "Yes. They
do."

But that wasn't it. Not exactly. "What I mean is, do they have ideas?"

"Hmm. Well, stones are stones . . . They think what they are. And where."

It turned to disappear into the world beyond our knowing. Who could
say what it would do with its life, or where it was going? Something
told me, whispering as it gracefully lumbered away, this being of
stone was better than us both.

Andropomorfo

Al principio era sólo un muro de piedra bajo, cuidadosamente erigido, el peso de cada piedra se apoyaba en la siguiente, por manos cuyos dueños nunca conoceríamos.

Allí lo estuvimos observando, sin decir una palabra, cada uno absorto en un mundo privado de ensueño.

Entonces algo sucedió. ¡Vi cómo algunas de esas piedras comenzaban a moverse! Temblaban y se empujaban, se juntaban, y de esa pared surgió una forma viva.

Me preocupé cuando pensé que tú no lo veías (¿Era una especie de monstruo fantasmal sólo para mí?), pero entonces lo viste. Y eso lo hizo real.

Oh, fue extraño. Una pared había arrancado sus raíces y cobrado vida. Dos piernas, dos brazos, una cabeza. No tenía cara. Sólo esa fachada mineral con una boca. Hablamos. Su voz era baja y grave. Pero no recuerdo lo que decía.

No debía ser importante.

Sin embargo, antes de marcharse y seguir con su nueva existencia, yo tenía que hacerle una pregunta. Sí que recuerdo esto: "Tú estabas allí". Señalé el hueco en la pared. "Deberías saberlo. Las piedras... ¿piensan?"

Giró su cabeza sin rasgos hacia mí. "¿Pensar?" Pensó. "Sí. Así es".

Pero no era eso. No exactamente. "Lo que quiero decir es, ¿tienen ideas?"

"Hmm. Bueno, las piedras son piedras. . . Piensan lo que son. Y dónde."

Se dio la vuelta y desapareció en el mundo más allá de nuestro conocimiento. ¿Quién podría decir qué haría con su vida, o hacia dónde se dirigía? Algo me dijo, susurrando mientras se alejaba con desmañada gracia, que este ser de piedra era mejor que nosotros dos.

Egress

"Fairy trees." They wait alone in these unbeautiful fields
along the road winding up through the Wicklow Hills. "Those who
go near them at night have been rumoured to vanish. HauntedThat's why
nobody cuts them down." *Their berries must be souls.*

The tour bus hurtled on, giving us the face of Ireland
through shatter-proof glass. I almost saw Kevin,* moving in
the broken light. He wouldn't be afraid to touch black thorns.
He believed a different tale. Another way of going.

I thought about engines, accidents, clocks running down, grief
and passionate intensity. I didn't say *Stop the
bus* of course. We were all in it together. We'd be where

we were heading soon enough. The Gap was looming above.
I wanted to go back. I wanted to search for Kevin,
to whisper with him in the shadows of those fairy trees.

---

*St. Kevin, a semi-legendary figure of the 6th century said to be the founder of the
monastery at Glendalough, about 40 miles south of Dublin.

Egreso

"Árboles feéricos". Solos, aguardan en estos campos insulsos
junto a las curvas rumbo a las Colinas de Wicklow. "Se dice
que quien se acerca de noche desaparece. Están embrujados.
Por eso nadie los tala". *Sus frutos deben de ser almas.*

Se embalaba el autobús y nos mostraba el rostro de Irlanda
a través de cristal a prueba de golpes. Casi veía a Kevin[*] deslizarse
por la luz quebrada. A él no le asustaría el espino negro.
Él creía en otro relato. Otra manera de marcharse.

Pensé en motores, accidentes, el reloj inexorable, el dolor
y la febril intensidad. Por supuesto no exclamé:
Paren el bus. Todos estábamos juntos en esto. Llegaríamos

a tiempo al destino. Imponente, ya asomaba el Puerto.
Yo quería volver. Quería ir en pos de Kevin,
susurrar con él a la sombra de aquellos árboles feéricos.

---

[*]San Kevin, figura semi-legendaria del siglo VI que al parecer fundó el monasterio de
Glendalough, a unos 60 km al sur de Dublín

Silvia Falsaperla

La Fanciulla*

(for Mary, Brunnenburg 2015)

That you should be born
>   far away from that half-savage country
>   seeds and petals blown from *oltreoceano*
>   in a modernist storm
>   to settle in the green valley towns of Südtirol

Shepherdess
>   of the golden braids
>   where the edelweiss grow
>   a peasant woman taught you the first words of consolation
>   and fortitude in prayer books

That you kept your father's words
>   falling from turbulent stars
>   bursting into music,

canti
non sempre dulce

>   *spesso amari*

Destiny's daughter
>   the crucifix you keep
>   to your bosom at night,
>   the shadows in the castle
>   even clandestine
>   can burst

Poetry's daughter
>   keeping legacies on display
>   for us in the castle rooms
>   masks of parental faces, a yellow scarf,
>   the image clean and clear
>   the edelweiss water you offer

---

* La Fanciulla: (It.) The young girl; *oltreoceano*: (It.) beyond the ocean; *canti/ non sempre dulce/ spesso amari*: (It.) songs/ not often sweet/ often bitter; *kleines dorf*: (Ger.) little village

SILVIA FALSAPERLA

La Fanciulla*

(para Mary, Brunnenburg 2015)

Que fueras a nacer
             lejos de aquel país medio salvaje
             semillas y pétalos aventados de *oltreoceano*
             en tormenta modernista
             para establecerte en las ciudades montañosas
del Südtirol Pastora
      de trenzas doradas
      donde crece la flor del edelweiss
      te enseñó una campesina las primeras palabras de consuelo
      y fortaleza en los libros de oraciones

Que guardaras las palabras de tu padre
                  que caían de estrellas turbulentas
                  y estallaban en música,
canti
non sempre dulce
                spesso amari
Hija del destino
        el crucifijo que guardas
        junto al pecho de noche,
        las sombras del castillo
        que hasta clandestinas
        pueden estallar

Hija de la poesía
        que dejas a la vista el patrimonio
        de las estancias del castillo
        las máscaras de los rostros paternos, un chal amarillo,
        la imagen limpia y clara
        el agua de edelweiss que nos ofreces

---

*La Fanciulla: (italiano) Una muchacha joven ; *Oltre oceano*: (It.) ultramar ; *canti/ non sempre dulce/ spesso amari*: (italiano) canciones / raras veces dulces / a menudo amargas songs/ not often sweet/ often bitter; *kleines dorf*: (alemán) pequeña aldea little village.

In this little village, *kleinesdorf,*
                            larches endure
and apple and pear trees
                            grow in abundance

En esta aldea, *kleines dorf*
                              resisten los alerces
y crecen profusamente
                        los manzanos y perales

A Picture of Victorian Grey

Early February and the sky is grey
not dreary, but a bold
firmament

Early February, a respite from the bitter
cold bite, the nude branches
spread out black

The Victorian houses stand solid,
womb shelters, earth-ruddy stone
glows

A crucifix atop a white pointy
attic window is swathed in grey
loin cloth

Nature, mysterious chemist,
and singular man share a single palette
in this beatific naïf tableau

Retrato de Victorian Grey

Principios de febrero y cielo gris
un firmamento no sombrío
sino audaz

Principios de febrero, un respiro de la amarga
mordedura del frío, las ramas desnudas
y negras desplegadas

Sólidas y en pie las casas victorianas,
refugios como úteros, piedra arcillosa
que refulge

Un crucifijo en lo alto de una blanca ventana
de una buhardilla envuelto con un
taparrabos gris

La naturaleza, químico misterioso,
y el hombre singular comparten una misma paleta
en este beatífico y naif tableau

WCW: Rutherford, N.J.

I

OH DOC!
you would turn in your grave—if
you saw the house on West Passaic—filled
with dolls, a back room chock-full of dolls from
floor to ceiling in glass-casings—a
collector's madness—
nevertheless
I saw you at the mahogany table in the dining room
with its turn-of-the-century wall-paper
and the heavy curtains hung by
Mrs. Williams, a Puerto Rican immigrant with circumspect eyes

in fresh emerging Anglo America.
I saw your brother Ed in a starched Sunday suit
sitting on the living room settee
and you climbing up the narrow staircase
hurt in pride because Charlotte, the subject of your desire,
said yes to *him.*

II

The last house on the corner of Ridge Rd. teal blue;
across the street what was once a hardware store
where you bought light bulbs for Floss;
and the unadorned church where you married her,
a reminder of abiding love, the asphodel.
I look up at the attic window;
and see you writing at your night desk odes to rivers, the burls of trees,
other flowers and your sick desperate patients of Rutherford
too poor for the contagious hospital.
Say it in things not ideas.
And you danced half-naked in front of the mirror
the dance russe.

WCW: Rutherford, N.J.

I

¡OH DOCTOR!
te revolverías en la tumba –si
vieras la casa de West Passaic– llena
de muñecas, un cuarto de atrás atestado de muñecas
de suelo al techo en vitrinas –la locura
de un coleccionista–
sin embargo
yo te vi en la mesa de caoba del comedor
con el papel pintado de principios del siglo XX
y las pesadas cortinas que colgó
la señora Williams, una inmigrante portorriqueña de mirada circunspecta
en la emergente Angloamérica.
Vi a tu hermano Ed con traje almidonado de domingo
sentado en el sofá del salón
y tú subiendo la estrecha escalera
con el orgullo herido porque Charlotte, tu objeto de deseo,
le dijo que sí *a él.*

II

La última casa de la esquina en Ridge Rd. de azul verdoso;
al otro lado de la calle lo que fue una ferretería
donde comprabas las bombillas para Floss;
y la austera iglesia donde te casaste,
recuerdo del amor duradero, el asfódelo.
Elevo la vista a la ventana del desván;
y te veo escribiendo en tu escritorio nocturno odas a los ríos, los nudos
de los árboles,
otras flores y tus pacientes desahuciados de Rutherford
demasiado pobres para el contagioso hospital.
Dilo con cosas, no con ideas.
Y tú bailabas medio desnudo ante el espejo
la *danse russe.*

III

Ezra, that brilliant ass, away in Pagany.
But you loved A-mur-ka, that green half-savage country.
Doctor Williams in that crisp 1950s black-and-white
photograph in front of the teal blue veranda door,
snowball in hand on a winter's New Jersey day.

Great-uncle Carlos. I too stood in front of my veranda,
a tomboy daughter of immigrant parents on a frozen heap of snow
in the true-blue north of the border.

IV

Looking for Mr. Marshall who kept a chicken coop
in his backyard on Washington Ave., the black neighbourhood—
the house with the closed-in pale yellow veranda
to tell him he had left the red wheelbarrow
outside in the yard where it filled
with rainwater.

V

At Hillside Cemetery in Lyndhurst your words are hymns
to the burls, the asphodels, the young girls that still blush,
at the simple stone on the ground overrun by grass, Flossie beside you.
I leave you a greeny leaf of any tree, a common stone, as tokens of my affec-
tion.
The towers of New York City in far distance are visible in pre-sunset, your
weekend ride across the river to shape words in the American grain;
desert music, al que quiere, to he who wants it!

VI

Waiting all night at the Colonial Diner for a cab to take
me to
Newark for my flight, you resting at Hillside across the street, for 52 years

III

Ezra, ese brillante bruto, en Pagany.
Pero tú amabas a A-mur-ka, ese verde país medio salvaje.
El Doctor Williams en esa nítida foto en blanco y negro de los 50
en la terraza azul verdosa
en la mano una bola de nieve un día de invierno de New Jersey.

Tío-abuelo Carlos. También yo posé delante de mi porche,
hija marimacho de padres inmigrantes sobre un montón de nieve
en el verdadero norte de la frontera.

IV

Buscando a Mr. Marshall que tenía un gallinero
en el patio de atrás en Washingon Ave., el vecindario negro…
la casa con el porche amarillo claro
para decirle que se había dejado la carretilla roja
en el patio y rebosaba
de agua de lluvia.

V

En el cementerio Hillside en Lyndhurst son himnos tus palabras
a los nudos, los asfódelos, las muchachas que aún se ruborizan,
a la sencilla piedra en el suelo cubierta de hierba, Flossie a tu lado.
Te dejo una hoja verde lustrosa de cualquier árbol, una piedra cualquiera,
como muestras de mi afecto.
Las torres de New York City en la distancia se pueden ver al atardecer, tu es-
capada de fin de semana por el río para formar palabras en la raíz de América;
música del desierto, al que quiere, ¡para quien lo quiera!

VI

Toda la noche estuve esperando en el Colonial Diner que un taxi
me llevara hasta
Newark a coger mi avión, tú descansabas en Hillside al otro lado de la

now.
Night hawks pull in for burger and fries.
Ridge Rd. ain't far. I can hear you hum.
I imagine you and Floss ate here, soup, coffee, a slice of pie.
Yesterday a man from Idaho had called you a chicken poet because of the
red wheelbarrow,
preferring the opaque quartet lines of one bête noire.
I think of the old strangled house on West Passaic of the two thousand
dolls—
a turn of thought—each doll, the two thousand babies you delivered,
like the two thousand poems—
like, just to say,
the plums in the fridge
were so sweet and so cold.

calle, hace 52 años ya.

Los moradores de la noche al acecho de hamburguesas y patatas.

Ridge Rd. no queda lejos. Te escucho tararear.

Te imagino comiendo aquí con Floss, sopa, café, un trozo de tarta de manzana

Ayer un hombre de Idaho te llamó poeta gallináceo por la carretilla roja,

Prefería los cuartetos opacos de una bête noire.

Pienso en la vieja casa ahogada en West Passaic con sus dos mil muñecas –un giro en mi pensamiento– cada muñeca uno de los dos mil bebés que trajiste al mundo,

como los dos mil poemas—

como, solo quiero decir,

las ciruelas en la nevera

que estaban tan dulces y tan frías.

Rhett Forman

The Turk and Coronado

Holy Catholic Caesarian Majesty
from Tiguex 20 Oct. 1541

and after the nine days we walked we arrived at plains so great wherever
we went we did not find them though we walked through them more than
three hundred leagues and in them we found such a quantity of buffalo that
to number them is impossible and after seventeen days of walking we found
a ranch of Indians and wherever they wanted to guide us we walked for an-
other five days until arriving at some plains with no more landmarks than
if we were engulfed in the sea where they were bewildered because in all of
them there is not a stone or hill or tree or bush or anything that appears.

Where today the train tracks north to Santa Fe
and the rail runs through the royal road,
the Salmatino lays siege along the Rio Grande
in the Tigua Pueblo called Bernalillo.
Here the treacherous Turk tells of gold
on the palisaded plains beyond Sandia. East
nine days they walk without word
or rumors of riches or Cities of Cibola
when for three hundred leagues loiters
a bison herd so great in that waste
that neither Coronado nor Alvarado
can count them. In these plains they swim
as in the seas between the Indies and Cádiz
until even the Turk seems lost without stones
or hills or trees or anything that appears. Here
the Pecos Turk turns tail and huffs it
through the herd leading Coronado's men
kilterwise off course. Now he conspires
with Quivirans to slaughter the Spanish
on the steppe but the captain spies
the Pawnee's tricks and tries him at the camp
in Blanco Canyon. And it's here along the highway
from Sherman to Lubbock without monument

Rhett Forman

El Turco y Coronado

Santa Católica Majestad Cesárea
desde Tiguex 20 Oct. 1541

y después de los nueve días que caminamos llegamos a llanuras tan grandes
dondequiera que fuéramos no las encontramos aunque caminamos más
de trescientas leguas y en ellas encontramos tal cantidad de búfalos que
contarlos es imposible y después de diecisiete días de camino encontra-
mos un rancho de indios y donde quisieran guiarnos caminamos otros
cinco días hasta llegar a unas llanuras sin más jalones que si estuviéramos
hundidos en el mar donde estaban desconcertados porque no hay piedra,
ni colina, ni árbol, ni arbusto, ni nada que se parezca.

Por donde hoy pasa el tren rumbo al norte, a Santa Fe,
y el ferrocarril cruza el camino real,
el salmatino asedia el Río Grande
en el Pueblo Tigua llamado Bernalillo.
Aquí el Turco traicionero habla del oro
en las llanuras empedradas más allá de Sandia. Hacia el este
caminan sin noticias durante nueve días,
sin saber de las riquezas o Ciudades de Cibola
cuando por trescientas leguas vaga
una manada de bisontes tan grande en ese páramo
que ni Coronado ni Alvarado
pueden contarlos. En estas llanuras nadan
como en los mares entre las Indias y Cádiz
hasta que incluso el Turco parece perdido sin piedras
o colinas o árboles o cualquier cosa que se les parezca. Aquí
el Turco de Pecos se da la vuelta y azuza
a la manada que lleva a los hombres de Coronado
en dirección contraria. Ahora conspira
con los quirivi para masacrar a los españoles
en la estepa pero el capitán se da cuenta de
los engaños del Pawnee y lo juzga en el campamento
de cañón Blanco. Y aquí en camino real
de Sherman a Lubbock sin monumento

without marker without placard without gravestone
that he's garroted in the grip of Don Alvarado
upon the llano estacado at the trail's end
for our Turk and the Salmatino Coronado.

Author's Note: "The Turk and Coronado": The Spanish explorer, Francisco Vázquez de Coronado, who discovered in his expedition New Mexico and Texas, was born in Salamanca, Spain. One of his adventures involved an Indian from New Mexico whom the Spanish nicknamed "The Turk." The Turk was supposed to guide Coronado east across the staked plains to the mythical Seven Cities of Gold. However, the Turk betrayed Coronado and his captain, Don Hernando de Alvarado. As a result, Alvarado executed the Turk by garroting him near Blanco Canyon, Texas.

sin letrero sin placa sin lápida
fue estrangulado a manos de don Pedro de Alvarado
sobre el llano estacado al final de la historia
para nuestro Turco y el salmatino Coronado.

Nota del autor: "El Turco y Coronado": El explorador español, Francisco Vázquez de Coronado, quien descubrió en su expedición Nuevo México y Tejas, nació en Salamanca, España. En una de sus aventuras trató con un indio de Nuevo México al que los españoles apodaron "El Turco", quien guió a Coronado hacia el este a través de las llanuras de estacas hasta las míticas Siete Ciudades de Oro. Sin embargo, el Turco traicionó a Coronado y a su capitán, Don Hernando de Alvarado. Como resultado, Alvarado ejecutó al Turco cerca del Cañón Blanco, Texas.

Bad Medicine Where the Staked Plains
Meet the Sky

Ben wrote a bit of sutras
grave chants of magic and smoke
Catfish played the coyote drum
and the skin walker blew bone ash

in Taos we met Kit's granddaughter
she was a Tigua Indian
Kit rode a mule like Sancho
wished he'd cut the head off Narbona
sent it east for phrenology

the old witch threw water on the stone
and the ember glow flowed in waves
the buffalo hides were midnight sky
and their horntips a thousand thousand stars

the moon is just a stone she said

our night sweat rained down
and the lodge stone hissed like the earth
and the red of the stone was the earth blood
and the blood ran from the right side thereof
and the blood sank in the ground like coffins

the old witch blew bone ash
the old witch blew bad medicine
the old witch lay north with the Diné dead

the moon is just a stone she said sunken in the river bed

the moon the crescent white of buffalo eye
the moon a doubloon Armijo give you
the moon the Pueblo charging west
the moon a song Gordon Henry Junior sung
the moon is just a stone

La mala medicina donde el Llano Estacado
se encuentra con el cielo

Ben escribió algunas sutras
cantos graves de magia y humo
Catfish tocaba el tambor del coyote
y el brujo sopló sobre ceniza de huesos

en Taos conocimos a la nieta de Kit
era una india tigua
Kit montaba sobre una mula como Sancho
hubiera querido cortarle la cabeza a Narbona
enviarla al este para la frenología

la vieja bruja arrojó agua sobre la piedra
y el resplandor de la brasa fluyó en ondas
las pieles de búfalo eran el cielo de medianoche
y las puntas de sus cuernos mil mil estrellas

la luna es sólo una piedra dijo ella

nuestro sudor nocturno llovía
y la piedra de la cabaña silbó como la tierra
y el rojo de la piedra era la sangre de la tierra
y la sangre corría por el lado derecho de la misma
y la sangre se hundió en el suelo como ataúdes

la vieja bruja sopló ceniza de huesos
la vieja bruja sopló la mala medicina
la vieja bruja yacía en el norte con el clan de los Diné muertos

la luna es sólo una piedra dijo ella hundida en el lecho del río

la luna el cuarto creciente del ojo de búfalo
la luna un doblón que Armijo te dio
la luna los indios Pueblo cargando hacia el oeste
la luna una canción que Gordon Henry Junior cantaba
la luna es sólo una piedra

and one day she said one day
I will strike a match to read your name
etched white across your tomb

Author's note: Three friends meet the granddaughter of Kit Carson in Taos, New Mexico. They are bewitched and embark upon a vision journey wherein they encounter the Navajo Chief Narbona (1766–1849), Governor of New Mexico Manuel Armijo (1793–1853), the Navajo Diné clan, and the Pueblo Indian tribe.

y un día dijo un día
Voy a encender una cerilla para leer tu nombre
grabado en blanco en tu tumba

Notadel autor: Tres amigos conocen a la nieta de Kit Carson en Taos, Nuevo México. Están embrujados y se embarcan en un viaje visionario en el que se encuentran con el Jefe Navajo Narbona (1766–1849), el Gobernador de Nuevo México Manuel Armijo (1793–1853), el clan Navajo Diné y la tribu de indios Pueblo.

Pine Hill Nocturne

we saw an egret under the bridge
it was an Indian's ghost
the beak was a headdress
and the moonlight
like red beads on its breast

we watched Bill Henry's ghost
turn into a crawdad
we watched the bluetick
bay at the tombstones
we watched Mrs. Johnnie

fix opossum muddle
over coals in the front yard
we watched Abby
eat tree rat and lima beans
we watched Joe Bailey

drag Abby's corpse
home from squirrel hunting
we watched the moccasins
bite the bobcats
we watched the tadpoles

swimming in the Milky Way
we watched Quanah Parker
wear his braids
under a bowler hat
we watched Hog Hillin

die with the doughboys
we watched the sharecroppers
shoot up Brownsville
we watched the jackalope
fly over the pink cloud

we watched Sophie Bell die
of the bloody stool

Nocturno de Pine Hill

vimos una garza bajo el puente
era el fantasma de un indio
su pico era un tocado
y la luz de la luna
como cuentas rojas en su pecho

vimos el fantasma de Bill Henry
convertirse en un cangrejo de río
vimos el perro de caza
aullar a las lápidas
vimos a la Sra. Johnnie

arreglar el lío de la zarigüeya
sobre carbón en el patio
vimos a Abby
comer rata de árbol y frijoles lima
vimos a Joe Bailey

arrastrar el cadáver de Abby
a casa tras la caza de ardillas
vimos cómo las serpientes
mordían a los gatos monteses
vimos a los renacuajos

nadar en la Vía Láctea
vimos las trenzas
de Quanah Parker
bajo un sombrero hongo
vimos a Hog Hillin

morir con los doughboys
vimos a los aparceros
disparar en Brownsville
vimos a la liebre-antílope
volar sobre la nube rosa

vimos morir a Sophie Bell
por las heces ensangrentadas

we watched the katydid
eat the turnips
and the cotton bales

we watched Death's marching band
in Shreveport
we watched the old
die in their coveralls
we watched the train tracks

melt like candy
we watched the alligator
swim up the Trinity
we watched the vultures
eat the eyeball

from the cactus
we watched the worm
rot on the crabapple
we watched the chicken bones float
we watched the hoot owl

unearth the salamander
we watched the armadillo paddle
through quicksand
we watched Molly
crawl up the ladder

and the angels coming and going
we watched the spider veins
weave the death shroud
we watched the lightning bugs
burst like a supernova

that night the Indians
rose from the Indian mounds
like cicadas singing
from their shells

vimos a la cigarra
comerse los nabos
y los fardos de algodón

vimos la banda de la Muerte
en Shreveport
vimos a los viejos
morir en su uniforme de trabajo
vimos las vías del tren

derretirse como un caramelo
vimos al caimán
nadar hacia el Trinity
vimos a los buitres
comerse el globo ocular

del cactus
vimos el gusano
pudrirse en la manzana silvestre
vimos los huesos de pollo flotar
vimos al búho ulular y

desenterrar la salamandra
vimos al armadillo remar
a través de arenas movedizas
vimos a Molly
subir la escalera

y los ángeles que van y vienen
vimos las venas de araña
tejer la mortaja de la muerte
vimos las luciérnagas
estallar como una supernova

esa noche los indios
se levantaron de los túmulos indios
como cigarras haciendo sonar
sus caparazones

Author's note: The speaker is bewitched by Indians who have risen from their graves. He sees the ghosts of his ancestors, along with many other fantastical visions.

Nota del autor: El narrador está hechizado por los indios que salen de sus tumbas. Ve los fantasmas de sus antepasados, junto con muchas otras visiones fantásticas.

John Gery

The Second Bird in the Bush

Half of me can't be seen,
        not even by the one
                who wanted me seen, once
(but not more than that). Lean
        and mute, blocked from the sun,
                an other no one hunts,

brown as the ground down here,
        I cower and frighten
                too (yes I told you so already)
        easily, though try
to align, bound to her
        whose breast feathers tighten,
                whose white throat and bright cry,

enflamed by the light, float
        above the topmost bough,
                scowling yet daring, free,
lovely enough to flout.
        Who reaches for her now
                will find nothing of me,

deny my defiance,
        much as I still trace her
                everywhere, the shadow
she doesn't cast. By chance,
        whoever may clasp her
                may smite me, de facto.

JOHN GERY

El Segundo pájaro en el matorral

La mitad de mí no se ve,
      ni siquiera la ve
           quien querría que me vieran, una vez
(pero no más). Delgado
      y mudo, a cubierto del sol,
         otro que nadie caza,

pardo como la tierra ahí abajo,
      me acobardo y me asusto
         también (sí, ya te lo dije)
    con facilidad aunque intento
acomodarme, atado a ella
     cuyas plumas del pecho se tensan,
        cuya blanca garganta y luminoso llanto,

inflamados por la luz, flotan
     sobre la rama más alta,
        ella adusta pero audaz, libre,
tan hermosa y lista para ridiculizarme.
     Quien la busque ahora
        no encontrará nada de mí,

y negará mi desafío,
     por mucho que yo siga su rastro
        en todas partes, la sombra
que ella no arroja. Por casualidad,
     quienquiera que la agarre
        puede cautivarme a mí, de facto.

At Dusk

Early evenings I chase phantoms
the way ducks chase bread, plucking
them first, then inside my beak
grinding. Oh that I'd grant them
full reign – that I would suck them
in, as I have you, then peak,

then die, poisoned. They escape
with my sleep, or prove too dull,
too doughy, for sacrifice
or even prayer. One may drape,
quietly, as beautiful
as you, hoping to entice,

across my lap – until up
I sit and it disappears,
as you have, not forgetting
but determined to disrupt,
strip clean, and erase me. Theories
of phantoms abound. Petting

doesn't matter to them, nor
instructions from the Office
of Seraphim: Only faith,
my faith in death, shuts the door
on them, knowing I've brought this
on myself, that *I* am *their* wraith.

Al atardecer

Al comenzar la tarde persigo fantasmas
como los patos tras el pan, primero
los picoteo, luego los trituro
con el pico. Oh, si yo les diera
rienda suelta – si los absorbiera
como a ti, si luego alcanzara la cima,

y después muriera envenenado. En el sueño
se escapan, o se vuelven demasiado sosos,
demasiado empalagosos para el sacrificio
y hasta la oración. Uno puede cubrirse
en silencio, tan bellamente
como tú, esperando seducir,

sobre el regazo – hasta que
me levanto y desaparece
como tú, sin olvidar
pero presta a interrumpir,
hacer borrón y cuenta nueva y eliminarme. Abundan
las teorías sobre fantasmas. Las caricias

les son indiferentes, y
las instrucciones de la Oficina
de Serafín: sólo la fe,
mi fe en la muerte, les cierra
la puerta, sé que yo
me lo he buscado, que *yo* soy *su* espectro.

American Goldfinch

I don't like that so many
look at me, but not *at* me,
only my colors, my breast
and wing tips. How uncanny
that once I thought it would be
pleasing to be the best dressed,

first seen, gold like a female
in sunlight, admired, and most
of all, desired. I still want
that love which, I agree, turns pale
too quickly, which I can't boast
of anymore, which is blunt

only in the taking, not
in my brain, and which I like
to believe proves my prowess.
How much I still want that lot
in life, that I might strike,
old as I am, a pose less

imposing, though like an elm,
indispensable to her
or the others, all better
in their spirits than I am.
Yet for such fate to occur
I must pluck my own feathers.

Jilguero americano

No me gusta que tantos
no me miren *a* mí aunque me miren,
tan sólo a mis colores, el pecho
y la punta de las alas. Qué extraño
que en tiempos me agradara
ser el más elegante,

el primero en ser visto, oro cual hembra
bajo el sol, admirado y,
sobre todo, deseado. Aún quiero
ese amor que, cierto, palidece
en seguida, del que ya no puedo
alardear, que tan sólo es sincero

al aceptarlo, no
al pensarlo, y que demuestra,
me complace creerlo, mi pericia.
hasta qué punto quiero aún ese
destino en la vida, para asumir
viejo como soy, una pose

menos imponente, como de olmo
indispensable para ella
o los otros, todos
más briosos que yo.
Pero para que se cumpla ese destino
he de arrancarme mis propias plumas.

Jeff Grieneisen

Pound: An Understanding

Words echoed from the furthest reaches
of humanity,
"Pull down thy vanity"

Nothing gold
can stay
but we have these
tales echoed and retold

of Biblical men and women

Goddesses gone
to underworlds
for a brief time
or stories of reflections in Venetian pools
streams running stagnant
beneath beautiful bridges
or old, sanctimonious churches

We breathe deeply
and usher forth cries
"beauty is difficult"
"art is beauty"

How do we order from the German waiter
off this Italian menu

How do we descend the vertical path
into the town that sleeps in the afternoon

We learn our rules
from weathered cliffs,
silent stone castle walls,
and the chatter of children

JEFF GRIENEISEN

Entiendo a Pound

Las palabras resonaron desde la lejanía
       de la humanidad
"Derriba tu vanidad"

            Nada de oro
perdura
pero tenemos el eco
      la resonancia de esas historias

de los hombres y mujeres de la Biblia

Las diosas se han ido
a los submundos
           por un breve tiempo
     o relatos de reflejos sobre lagos venecianos
arroyos que se estancan
bajo hermosos puentes
o iglesias antiguas y beatas

Respiramos profundamente
y gritamos
      "la belleza es difícil"
"el arte es belleza"

¿Cómo pedimos al camarero alemán
de este menú italiano?

¿Cómo descendemos por el camino vertical
al pueblo que duerme por la tarde?

Aprendemos nuestras reglas
de los acantilados erosionados,
los silenciosos muros de piedra del castillo,
y el parloteo de los niños

learning the rules
of ideograms,
                    of sharing
eggs in the morning
wine in the evening

Once a week, we pile egg shells,
coffee grounds, and peels
by the barn

Vineyards whisper
their own secrets
like the woman watching
from an unseen window

aprendiendo las reglas
de los ideogramas,
          de compartir
huevos por la mañana
vino por la noche

Una vez a la semana, apilamos cáscaras de huevo,
granos de café y cáscaras
junto al granero

Los viñedos susurran
sus propios secretos
como la mujer que nos mira
desde una ventana inadvertida

Wasps

Morning sun
breaks cold sleep.

Their frozen lives begin
again.

With silent wings they lift
from mud,

legs hanging
like landing gear,

larvae entombed in the secret
spaces of paper houses.

Avispas

El sol de la mañana
rompe el sueño frío.

Sus vidas congeladas comienzan
otra vez.

Con alas silenciosas se levantan
del barro,

las patas colgando
como un tren de aterrizaje,

larvas enterradas en el secreto
espacios de las casas de papel.

My Son Meets a Princess:
A Brunnenburg Tale

She blows a hoot through her fingers, and they share
a wide-eyed laugh
at the top of the castle.
He pumps the rocking-horse back and forth
in the room she preserves, the library
of her own children and grandchildren,
for visitors like us.

Pound said "make it new"
       and Mary says we made it new with Valentino
as Pound made it new with her.

She hopes he will keep the old traditions alive
       as she keeps her own father's legacy
but moves forward step by step,
climbing that mountain every day
into town for small essentials.

She is the soul of the region
as Valentino is the heart of our family.
Oh, to be a Pound in a world of new terrorism
       and new deals laid out on senate tables,
where young men are still sent to slaughter
and this skipping, whistling boy shines into every corner,
laughs easily, and just wants to keep digging
into Northern Italian slopes with toy cars.

Mi hijo conoce a una princesa:
Un cuento de Brunnenburg

Ella hace bocina con los dedos y ellos sueltan
una gran carcajada
en lo alto del castillo.
Él impulsa el caballo de balancín de un lado a otro
en el cuarto que ella conserva, la biblioteca
de sus propios hijos y sus nietos,
para visitantes como nosotros.

Pound dijo: "hazlo nuevo"
            y Mary dice que nosotros lo hicimos nuevo con Valentino
como Pound lo hizo nuevo con ella.

Ella espera que él mantenga vivas las viejas tradiciones
            mientras mantiene el legado de su propio padre,
pero avanza paso a paso,
escalando esa montaña todos los días
para ir al pueblo a comprar lo necesario.

Ella es el alma de la región
como Valentino es el corazón de nuestra familia.
Oh, ser un Pound en un mundo de nuevo terrorismo
            y los nuevos acuerdos extendidos sobre la mesa del Senado,
donde los jóvenes todavía son enviados al matadero
y este niño que salta y silba brilla en cada esquina,
se ríe fácilmente, y sólo quiere seguir abriendo surcos
en las laderas del norte de Italia con coches de juguete.

Chengru He 何琤茹

Four Kinds of Emptiness

of which one is full, awaiting
a virgin blossom

to unbalance the abundance.
the room is quiet, as if we are

part of the plan,
planted, pressed, bound, blessed.

the empty receives attention.
a leaf flutters, *please,*

more light. in the shade
of fear, Queen Anne's Lace speaks,

in time the roots will grow.
the empty is accurately placed,

carefully touched
by its shadow.

we happen to agree
on going back to the first day

of imagination, where each leaf
is light, and empty is full.

CHENGRU HE 何玸茹

Cuatro clases de vacío

de las cuales una está repleta, espera
que una flor nueva

altere la abundancia.
está la sala quieta, como si fuéramos

parte del plan,
plantados, prensados, plegados, bendecidos.

lo vacío recibe atención.
aletea una hoja, *más luz,*

por favor. a la sombra
del miedo, habla el encaje de la reina Ana,

a su tiempo las raíces crecerán.
el vacío está puesto con esmero,

lo toca suavemente
su sombra.

sucede que estamos de acuerdo
en volver al primer día

de la imaginación, donde cada hoja
es luz, y pleno lo vacío.

Persimmons

It's almost winter, two weeks before Christmas, the leaves
turn brown overnight, cover the quiet pavement. Most people
are gone, eventually home and a fire. I can hardly remember
what autumn looks like. There they are.

Two persimmons, one bigger, one smaller, leaning
against each other, in the darkening winter light, on their way
of shrinking and withering, centered on your small round table.
There's nothing else, only the persimmons.

What are they for? You're not supposed to eat persimmons
at this stage. Either fresh or sun-dried is fine. These two reddish fruits,
gravitated by time, cured by silent gazes, challenge reviewers.
How I fail to explain what they are.

In China persimmons are different. They come in ancient scrolls,
come with painting and verses, come as memories, puckery and sweet.
It took me years to learn how to eat a persimmon. But I simply say
Li-Young Lee writes about them.

You buy them when they're hard, eat them when they're soft,
in between many days of wonder. Poke one from time to time
to catch the best timing. When it's ready your finger would know.
It's the fruit of patience, of waiting.

From soil to light, garden to market, years in between
these two and the ink ones, flat on the fragile paper, inviting themselves
into a new poem of old words. You are currently reading.
How I fail to explain anything at all.

Caquis

Casi es invierno, faltan dos semanas para Navidad, las hojas
de pronto son pardas y cubren la acera callada. Casi todos
se han ido, con el tiempo, a casa y a la lumbre. Apenas recuerdo
cómo es el otoño. Ahí están.

Dos caquis, uno grande, otro pequeño, se inclinan
uno sobre el otro, en la apagada luz invernal, a punto
de encogerse y marchitarse, en medio de tu mesita redonda.
No hay nada más, sólo los caquis.

¿Para qué son? Se supone que no se comen caquis
ahora. Tanto frescos como secos están ricos. Estas dos frutas rojizas,
atraídas por el tiempo, maduradas en silencioso mirar, no admiten comentario.
No consigo explicar lo que son.

Los caquis son distintos en China. Vienen en viejos pergaminos,
vienen con cuadros y versos, como recuerdos, dulces y arrugados.
Tardé años en aprender a comerme un caqui. Diré tan sólo
que Li-Young Lee escribe sobre ellos.

Se compran duros, se comen blandos,
entre medias muchos días de asombro. Se palpan de cuando en cuando
para sorprenderlos en sazón. El dedo sabrá cuándo es tiempo.
Es la fruta de la paciencia, la espera.

Del suelo a la luz, del huerto al mercado, y años entre
estos dos y los de tinta, lisos sobre el papel frágil, invitándose
a un nuevo poema de viejas palabras. Ahora lees.
No consigo explicar nada.

Father Came Home, 1964

this morning the coal cakes, softened
by the night rain, used up five matches.
It rained so much this winter
in Shanghai. the cold grew with the mold.
I lit the sixth when he came
by the porch. this middle-aged man
looked at me. I him. we were
about the same height. neither of us
said anything. simply looking
at each other. he might be smiling,
but I was not sure. somehow I knew:
it's him. he went inside,
dropped a faded indigo bag
by the chair, took off the heavy
sheep fur-lined coat – the kind I'd only seen
a few times in pictures, the Northern wear
for the coldest nights – hung it
on the back of the chair, sat down, did not reach
for his bag. I forgot where I laid
my eyes, possibly the collar
of the fur coat. I hadn't seen him in years.
never, I meant. they said I have his lips.
I knew he's somewhere, not knowing
exactly where. I knew he's gone
for some reason, not sure
about exactly why. I poured a glass
of boiled water from the blue thermos flask.
the wooden cork dropped and bounced
to the iron stove – once burned
every photo and his past – I picked up
the cork before I handed him the glass.
Still hot. he took it over with both hands.
Thank you. the steaming glass stayed calm
in his dry callused hands, holding
no longer pens. he glanced
at my army green schoolbag, as if it were
a common day before the new year, I was just
off class, and he off work, *what did you learn
in Maths?* the same time I muttered
I need to get back to the stove.

Padre vuelve a casa, 1964

esta mañana se nos fueron cinco cerillas
con las galletas de carbón, reblandecidas por la lluvia.
Ha llovido tanto este invierno
en Shanghai. ha aumentado el frío con el moho.
encendía la sexta cuando él cruzó
el porche. este hombre de mediana edad
que me miraba. y yo a él. los dos
de la misma estatura. ninguno
dijo nada. tan solo
nos miramos. puede que él sonriera,
pero no estoy segura. de algún modo lo supe:
es él. entró,
soltó una raída bolsa azulona
junto a la silla, se quitó el pesado abrigo
forrado de borrego – de esos que yo solo conocía
por fotos, los que se usan en el norte
en las noches más frías – lo colgó
del respaldo de la silla, se sentó, no cogió
la bolsa. no recuerdo en qué
me fijé, quizá en el cuello
del abrigo de piel. hacía años que no lo veía.
es decir, nunca. decían que yo tenía sus labios.
sabía que estaba por ahí, no exactamente
dónde. sabía que se había marchado
por algún motivo, no estaba segura
de cuál. le serví un vaso
de agua hervida del termo azul.
el tapón de corcho cayó y rebotó
sobre el fogón de hierro – donde una vez
se quemaran sus fotos y su pasado – recogí
el tapón antes de pasarle el vaso.
Todavía quema. lo cogió con ambas manos.
Gracias. aguardaba tranquilo el vaso humeante
entre sus manos encallecidas, ya sin la costumbre
de escribir, observó
mi mochila escolar caqui como si fuera
un día cualquiera antes del año nuevo y yo volviera
de clase y él de trabajar, *¿qué has aprendido en clase*
de mates? a la vez murmuré
tengo que volver al fogón.

Justin Kishbaugh

An Odalisque for Apollo

The clock tower in Delphi stands on a slender mountain
at the center of the Earth where even the yellow
tipped ferns reach toward heaven.

The pillars support neither arch nor roof. Monuments only
to themselves and time, their scarred limbs stand
like vertebrae marbled gray, pink, and white.

On platforms long and flat beneath the pillar's cap,
lie olive, fig, and grape leaf for Pythian visions.
Her eyes go white, and, short of breath, she gasps.

By sandaled foot, they come through mountain pass,
padding gently upon moss and fern,
and even the grasses bow their heads like children.

The oracle sees through bone and gold, and the mountains
open under the sphynx's wings. The lips of nymphs
still glisten. Their whiter curves reflect the sun.

JUSTIN KISHBAUGH

Una odalisca para Apolo

La torre del reloj en Delfos se yergue sobre una esbelta montaña
en el centro de la tierra donde incluso los helechos
teñidos de amarillo llegan al cielo.

Los pilares no soportan ni arco ni techo. Monumentos
sólo ante sí mismos y el tiempo, sus miembros cicatrizados,
vértebras jaspeadas de gris, rosa y blanco.

Sobre tarimas planas y largas bajo pilares,
yacen hojas de olivo, higos y uvas para las visiones de la Pitia.
Sus ojos se vuelven blancos, y, al faltarle el aliento, jadea.

Calzadas con sandalias, bajan por el puerto de montaña,
caminan suavemente sobre musgo y helechos
y hasta las hojas de hierba inclinan sus cabezas como los niños.

El oráculo ve a través del hueso y el oro, y las montañas
se abren bajo las alas de la esfinge. Los labios de las ninfas
aún brillan. Sus curvas más blancas reflejan el sol.

Sprig of the Fruited Olive

Peach, she says, is her favorite scent
bringing one to her nose
by the open window

She smells the fruit
with fingers in its flesh
to test ripeness

a skill she learned from her father
as he walked the market
shaking hands and surveying
assessing cherries
olives, oranges, onions
and watermelon

He calls watermelon "karpoúzi"
and "no one sleeps until there is karpoúzi!"
I've been told he even once threw out his back
carrying home the perfect "karpoúzi"

He hands her an olive to taste
and, placing one in his mouth,
illustrates the process of biting,
beginning with her front teeth
and then the meat first
to eyetooth then molar
and across the tongue, oil-moist

His pride is that of a man who wants to be useful

They have the same smile
she and her father
square-toothed
and slightly gapped in front

Tallo de la oliva afrutada

Ella dice que el melocotón es su aroma favorito
Mientras se acerca uno
por la ventana abierta

Huele la fruta
palpa la carne con los dedos
para saber si está madura

una habilidad que aprendió de su padre
mientras él caminaba por el mercado
dando la mano y observando
valorando las cerezas
las olivas, naranjas y cebollas
y la sandía

Él llama "karpoúzi" a la sandía
y "¡nadie se va a dormir hasta que haya karpoúzi!"
Me han dicho que una vez casi se rompió la espalda
llevando a casa el "karpoúzi" perfecto

le da una oliva a ella para que la pruebe
y, metiéndose una en la boca,
le enseña cómo morderla,
empezando con los dientes delanteros
y luego, primero la carne
al canino, luego a los molares
y, en la lengua, la humedad del aceite

El suyo es el orgullo de hombre que quiere ser útil

Tienen la misma sonrisa
ella y su padre
de dientes cuadrados
y ligeramente abiertos por delante

The Day Weapon Died

"This has been a good pen" I thought
after striking out another day on the calendar:

Jan. 2, 2020.

We all share spaces and moments are nothing
so they slip like vapors through our fingers.

All day I longed for a cigarette.

I noticed a blonde girl with long fingers
holding a cigarette in the passenger seat of a passing Nissan,
and I wondered how she could still be smoking this close to New Year's
because of resolutions and such, but then I remembered
how many cigarettes I smoked on how many New Year's Eves
and on how many January 2s I was still smoking.

And I wanted her cigarette.

I noticed a woman at the hipster bike coffee shop
with the fucking six dollar nitros that are admittedly silky smooth
and I noticed her hair was thick, black, and curly like Rona's,
and then I noticed her cigarette and its fumes like lady fingers
beckoning me towards a window-sill pie.

And I wished I had a cigarette

because I wanted to feel my breaths. I wanted to catch and experience
them. I wanted to hold that moment when he and everyone and I stopped
breathing.

El día en que Weapon murió

"Este ha sido un buen bolígrafo" pensé
después de tachar otro día en el calendario:

2 de enero de 2020.

Todos compartimos espacios y los momentos no son nada
se deslizan como el humo por nuestros dedos.

Todo el día tuve ganas de fumar un cigarrillo.

Vi una chica rubia con dedos largos
sujetando un cigarrillo en el asiento del pasajero de un Nissan que pasaba,
y me pregunté cómo podía seguir fumando en vísperas del Año Nuevo
por aquello de los propósitos y tal, pero entonces recordé
cuántos cigarrillos había fumado en cuántas vísperas de Año Nuevo
y en cuántos 2 de enero todavía seguía fumando.

Y quería su cigarrillo.

Vi una mujer en la cafetería de la tienda de bicis hipster
con los putos nitros* de seis dólares que son, sin duda, suaves como la seda
y noté que su cabello era grueso, negro y rizado como el de Rona,
y luego vi su cigarrillo y el humo como rosquillas
haciéndome señas hacia un pastel en un estante.

Me hubiera gustado tener un cigarrillo

porque quería conservar ese momento
en el que él, todos y yo dejamos de respirar.

---

*Nitros- es un tipo de café que se sirve como la cerveza de barril

Tony Lopez

Go Back

1
I'm coming to in Coldharbour Lane –
must have blacked out there walking
or dreaming. Where are you Iain?
Peter, David, Kay, Sally, Sydney, John, where now?
It seems to be some kind of loop.
Brixton Hill, Blenheim Gardens, climbing
over to the windmill, brambles and thickets.
This was most likely a way back from the park.
A scrambled memory, a trauma map or make believe –
something you can't deal with and neither can I
otherwise it would come clear – handwritten,
scratched out and repeatedly tried over.
The wall was made of burnt yellow bricks.
I'm coming into Coldharbour Lane.
Where will it lead me?

2
I'm ready; I've made a space
here on the black untidy table.
I'm holding a good gel pen
in my lumpy sixty-six year
old freckled hand waiting.
Waiting to feel something
anything coming through
and in the mean time care
fully writing these words
in short lines on a squared
holed, glued, paper pad –
just in case there might be
a message from you or
even a message from me
coming back altered
like a fish finder under
the charter boat drifting

Tony Lopez

Regresar

1
Recupero la conciencia en Coldharbour Lane—
debo de haberme desvanecido allí al andar
o en sueños. *¿Dónde estás* Iain?
¿Peter, David, Kay, Sally, Sydney, John, ahora dónde?
Parece haber una especie de bucle.
Brixton Hill, Blenheim Gardens, subiendo
hasta el molino de viento, zarzas y maleza.
Probablemente este era el sendero de vuelta del parque.
Un recuerdo enmarañado, un mapa del trauma o una ilusión
–algo con lo que no puedes entenderte ni yo tampoco
de lo contrario estaría claro– escrito a mano,
lleno de rayajos y vuelto a trazar.
El muro era de ladrillo claro cocido.
Estoy llegando a Coldharbour Lane.
¿Adónde me llevará?

2
Estoy listo; he hecho hueco
aquí, en el desorden de mi mesa negra.
Sostengo un buen bolígrafo
en mi mano nudosa y pecosa,
a la espera, de sesenta y seis años.
A la espera de sentir algo
lo que sea que llegue
y que mientras tanto escribe con
cuidado estas palabras
en versos cortos en una libreta
cuadrada, encolada,
por si acaso llegara
un mensaje tuyo o
hasta un mensaje mío
regresando cambiado
como un detector de peces bajo
el barco de alquiler a la deriva

over a wreck. We are
just beyond your horizon.
The mist is coming home.
Sometimes I can feel
a quick tug on the line.
You never know what or who
might be on the other side.

3
I walked back through Lambeth from the river
at Vauxhall by MI6, past the Oval
to Electric Avenue, Brixton.
Exiled Luis and Eloisa lived there
high above the shops and market stalls
with their eight children.

Was it in Lambert Road or Blenheim Gardens?
My brother David's arm bent the wrong way
on the bombsite – a big hump of rubble
and loose fence over the hiding spaces
fought for with sticks and stones but held
for a brief time only. I thought there would
be trouble when we got home at last.

I walked back to see where we came from
so long after. It is something to remember.

en un naufragio. Estamos
justo más allá de tu horizonte.
Regresa la niebla a casa.
A veces siento
un tirón repentino en el hilo.
Nunca sabes qué o quién
están al otro lado.

3
Volví por Lambeth desde el río
en Vauxhall por la MI6, más allá de Oval
hacia Electric Avenue, Brixton.
Luis y Eloísa, exiliados, vivían allí
Encima de las tiendas y los puestos del mercado
Con sus ocho hijos.

¿Fue en Lambert Road o en Blenheim Gardens?
El brazo de mi hermano David se doblaba al revés
Donde cayó la bomba – un montón de escombros
Y restos de vallado sobre los escondrijos
Defendidos con palos y piedras pero a salvo
por poco tiempo. Pensé que habría jaleo
al volver por fin a casa.

Regresé para ver de dónde veníamos
Muchos años después. Digno de ser recordado.

Living Systems

Please take a few minutes to read over these notices.
The authors declare no competing financial interests.
Moonlight lay upon the hills like snow.
See if you can find and play 'January Snows' by Lúnasa.
A sentence is quietly pleasing.

When you torture people you get bad information.
This block of granite, for instance, is a mere thing.
Use a single asterisk * to truncate from one to five characters.
This is one of those memories formed to protect you
  from re-experiencing anxiety.
It is autumn: Nanjing is full of too many beautiful things.

The strong force is carried by eight particles known as gluons.
Edges should be glued together using contact adhesive.
The images of children are library footage.
Intelligence is a property of living systems.
Imagine a pear tree covered with golden fruit.

All previous sets are located in memory by date order.
In Warsaw the sale of armbands became a regular business.
Sleep helps us extract rules from our experience.
A starling imitates the sound of a refrigerator.
Nothing more than nothing can be said.

Swifts are massing around the building in the evening.
Making new pathways that override old ones is called extinction.
These objects will then be truly and completely invisible to us.
It was considered to be a light sentence.
A hunter came to find out who was playing such beautiful music

Sistemas vivos

Por favor, tómese unos minutos para leer estos avisos.
Los autores declaran que no existen intereses financieros que compitan entre sí.
La luz de la luna yacía sobre las colinas como la nieve.
Vean si pueden encontrar y tocar "Nieves de enero" de Lúnasa.
Una frase deleita silenciosamente.

Cuando torturas a la gente obtienes mala información.
Este bloque de granito, por ejemplo, es sólo una cosa.
Usa un solo asterisco * para truncar de uno a cinco caracteres.
Este es uno de esos recuerdos formados para protegerte
  de volver a experimentar la ansiedad.
Es otoño: Nanjing está lleno de demasiadas cosas hermosas.

La potencia fuerte es transportada por ocho partículas conocidas como gluones.
Los bordes deben ser pegados con adhesivo de contacto.
Las imágenes de los niños son metraje de archivo.
La inteligencia es una propiedad de los sistemas vivos.
Imagine un peral cubierto de frutos dorados.

Todos los conjuntos anteriores están guardados por fecha en la memoria.
En Varsovia la venta de brazaletes se convirtió en un negocio habitual.
El sueño nos ayuda a deducir las reglas de nuestra experiencia.
Un estornino imita el sonido de una nevera.
No se puede decir nada más que nada.

Los vencejos se agrupan en torno al edificio por la noche.
A crear nuevos caminos que anulan los antiguos se le llama extinción.
Estos objetos serán entonces verdadera y completamente invisibles para nosotros.
Se consideraba una sentencia leve.
Un cazador vino a averiguar quién tocaba esa música tan bella

Sean Mark

"A Negotiation"

In 1955, Pound turned seventy in St. Elizabeths. He had been there
for almost a decade. As writers such as Archibald MacLeish, Ernest
Hemingway and Robert Frost lobbied for Pound's release, Yale Broad-
casting Company recorded 'A Tribute to Ezra Pound', a radio pro-
gramme that collected testimonials by, amongst others, W. H. Auden,
Stephen Spender, Marianne Moore, William Carlos Williams and E. E.
Cummings. Though some of these writers admitted to having no first-
hand knowledge of Pound's wartime broadcasts, such was their devotion
to Pound that they agreed to take part nonetheless.* Similar campaigns
were underway in Italy, where Pound had lived in the twenty years pre-
ceding his arrest. Also in 1955, poet Giovanni Papini launched a petition
addressed to the American ambassador in Rome, Clare Boothe Luce,
rallying for Pound's release. Co-ordinating many of these efforts was
Pound's publisher, Vanni Scheiwiller, who worked tirelessly to enlist the
support of writers, poets and intellectuals on both sides of the political
spectrum. Scheiwiller offered to act as 'postman' for Papini's petition,
which was signed by a long list of writers, including Alberto Moravia, Ig-
nazio Silone, Umberto Saba and Giuseppe Ungaretti. Though poets Vit-
torio Sereni and Salvatore Quasimodo and translator Fernanda Pivano
agreed to sign Papini's petition, their writings and correspondence with
Scheiwiller reveal enduring reservations. This poem, which revisits their
writings on the subject, reflects the ambivalence of their desire to help
Pound without downplaying his collaboration with Mussolini's govern-
ment.

Not ideas but ties
a united front
of many factions
bind poets, critics, left & right.

All, perhaps, agree on compassion,
incline to ask for grace –
less so to endorse action

---

*Their contributions are collected in *Ezra Pound at Seventy*, and the broadcast can be
listened to at: https://library.harvard.edu/poetry/listeningbooth/poets/pound.html

SEAN MARK

"Negociación"

En 1955, Pound cumplió setenta años en el hospital de Santa Isabel. Había permanecido allí durante casi una década. Mientras escritores como Archibald MacLeish, Ernest Hemingway y Robert Frost presionaban para la liberación de Pound, la Yale Broadcasting Company grabó "A Tribute to Ezra Pound" (Tributo a Ezra Pound), un programa de radio que recogía testimonios de, entre otros, W. H. Auden, Stephen Spender, Marianne Moore, William Carlos Williams y E. E. Cummings. Aunque algunos de estos escritores admitieron no tener conocimiento de primera mano de las transmisiones en tiempos de guerra de Pound, tal era su devoción a Pound que aceptaron participar de todos modos.* Campañas similares se estaban llevando a cabo en Italia, donde Pound había vivido en los veinte años anteriores a su arresto. También en 1955, el poeta Giovanni Papini dirigió una solicitud al embajador americano en Roma, Clare Boothe Luce, en la que pedía la liberación de Pound. El editor de Pound, Vanni Scheiwiller, coordinó muchos de estos esfuerzos y trabajó incansablemente para conseguir el apoyo de escritores, poetas e intelectuales de ambos lados del espectro político. Scheiwiller se ofreció a actuar como "cartero" para la petición de Papini, que fue firmada por una larga lista de escritores, entre los que se encontraban Alberto Moravia, Ignazio Silone, Umberto Saba y Giuseppe Ungaretti. Aunque los poetas Vittorio Sereni y Salvatore Quasimodo y la traductora Fernanda Pivano aceptaron firmar la petición de Papini, sus escritos y la correspondencia con Scheiwiller revelan sus reticencias. Este poema, que revisa sus escritos sobre el tema, refleja la ambivalencia de su deseo de ayudar a Pound sin restar importancia a la colaboración de éste con el gobierno de Mussolini.

Nada de ideas, sólo lazos
un frente unido
de muchas facciones
que englobe a poetas, críticos, izquierda y derecha.

Puede que a todos una la compasión,
les incline a pedir la gracia;
no así a apoyar acciones

---

*Sus contribuciones están reunidas en *Ezra Pound at Seventy*, y la transmisión radiofónica se puede escuchar en: https://library.harvard.edu/poetry/listeningbooth/poets/pound.html

committed in poetry's name,
to clear responsibility
that does exist
that needs examination.

Take Lorca – his position
in the order of civilisation;
Pound's in a limbo, slightly strange –
civilisation yes, but which?
If you write the ambassador,
you must to Franco too. Find
the lost bones a proper spot,
better than the red rag
or Santa Ana. We'll call it
negotiation.

Today in my heart
I feel a tremor of stars

but my path is lost
in the soul of the mist.

Spoon River seized, so far
from the jargon – words
made to mean the same,
Leone Ginzburg dead
in the Queen of Heaven.
And what of the meathooks
and the bloody branches?

How could we sing
with hearts under
foreign foot, with the dead
that crowd the square
on ice-hard grass,
the child's lamb-lament,
the black cry
of mother seeking son
hung on the telegraph pole?

realizadas en nombre de la poesía,
para exonerar la responsabilidad
que de hecho existe
que debe ser examinada.

Pensemos en Lorca, en su postura
en el orden de la civilización;
Pound está en un limbo, ligeramente extraño…
civilización, sí, ¿pero cuál?
Si escribes al embajador,
debes escribir también a Franco. Encuentra
un lugar adecuado para los huesos perdidos,
mejor que el trapo rojo
o Santa Ana. Lo llamaremos
negociación.

Hoy siento en el corazón
un temblor de estrellas,

pero mi senda se pierde
en el alma de la niebla.

Spoon River confiscado, tan lejos
de la jerga – palabras
obligadas a decir lo mismo,
Leone Ginzburg muerto
en la Reina del Cielo.
¿Y qué hay de los ganchos para la carne
y las ramas sangrientas?

¿Cómo cantar
con corazones
bajo mando extranjero, con los muertos
que llenan la plaza
sobre la hierba helada,
el lamento infantil como un cordero,
el grito oscuro
de la madre que busca al hijo
colgado del cable del telégrafo?

A war of many wars,
some with histories
still there in the street names –
some cried out too loud
others quiet in defeat: on the
green lawns of the ward
so far from the noise,
was the first silence sown
to build and accrete?

On the willow fronds, by vow,
a tree amid the wood
the poets had hung their lyres
of Daphne and the laurel bough
which swung lightly in the wind.

Guerra de muchas guerras,
algunas con historias
aún en los nombres de las calles;
algunos demasiado estridentes
y otros callados en la derrota; sobre el
verde césped del pabellón
tan lejos del ruido,
¿se sembró el primer silencio
para acrecentarse?

En la fronda de sauces, bajo promesa,
un árbol en medio del bosque
habían colgado sus liras los poetas
de Dafne y la rama de laurel
que suavemente en el viento se mecía.

Alec Marsh

Pentimenti:
What Young Ezra Pound Saw in The Prado

On the left the great room
    Las Hilanderas—spinning flax
in beamed light, duskiness. In the smaller room
    Las Meninas, the young princess,
court ladies, dog, dwarf, mirror
    a glimpse of Velasquez by the far door, painting.
On the facing wall the artist alone, his self-portrait,
    gimlet–eyed and wary, a swart moustache trained up.
Then *Don Juan of Austria*, more dwarfs,
    Virgins enthroned and dethroned, the picture
of the woman running, a mastiff locked onto one
    buttock, *The Surrender at Breda*
barred with many spears. And Philip, Philip, Philip:
    pale Philip in black armor, Philip on foot
with his hunting gun and borzoi;
    Philip on Horseback, the horse's foot having been done
once in another position showing
    through the over painting—just so behind
Don Juan of Austria that fire
    made with two rushed up-strokes
of the master's brush showing through.

ALEC MARSH

Pentimenti:
Lo que vio el joven Ezra Pound en el Prado

A la izquierda la gran sala
    Las Hilanderas; devanan el hilo
bañadas en la luz del ocaso. En la estancia pequeña
    Las Meninas, la joven princesa,
las damas de la corte, el perro, el enano, el espejo
    Velázquez asoma junto a la puerta del fondo, pintando.
En la pared de enfrente, el artista solo, su autorretrato,
    ojo avizor, y el moreno bigote a la francesa.
Luego *Don Juan de Austria*, más enanos,
    Vírgenes entronizadas y destronadas, el cuadro
 de una mujer corriendo, un mastín con un
    pie atado a su nalga, *La rendición de Breda*
flanqueada de lanzas. Y Felipe, Felipe, Felipe,
    Felipe pálido con armadura negra, Felipe de pie
con su escopeta de caza y su borzoi;
    Felipe a caballo, el pie del caballo pintado
al principio en otra posición se vislumbra
    en la pintura; del mismo modo que, detrás de
Don Juan de Austria, se adivina ese fuego
    de dos trazos rápidos ascendentes
del pincel del maestro.

Taking Leave of Friends

For Larry and Margie Hass

The road to Texas is long
    —and not just in miles:
        first, cross the dank misty Appalachians,

then the wide, viscous Mississippi;
    along the way truckstops glitter like broken glass,
        dead grass a thousand miles—

who can say where it ends—
    minds clover-leafed and intertwined,
        curious as ravens and as homeless; one day

we all shoulder packs and move on
    the lake waves its white handkerchiefs
        summer skateboards in:

so many small birds
    flying in and out of the hat of night.

Despedida de los amigos

Para Larry y Margie Hass

El camino a Texas es largo
      … y no sólo en millas
            primero, cruza los húmedos y brumosos Apalaches,

luego el ancho y viscoso Mississippi;
      a lo largo del camino las paradas de camiones brillan como
vidrios rotos,
         hierba muerta a miles de kilómetros...

quién puede decir dónde termina...
      mentes como vías entreveradas y entrelazadas,
         curiosos como cuervos e igual de vagabundos; un día

todos cargamos las mochilas y seguimos adelante
      el lago agita sus pañuelos blancos
         y el verano entra en monopatín:

tantos pajaritos
         volando dentro y fuera del sombrero de la noche.

THE SONG OF THE FLIGHT DECK: THE AKAGI DEC. 1941

The winter weather worsens, grey grey the cold sky,
black black the heavy ocean. A dense fog descends.
Men are washed overboard, our frozen signal flags
crack to tatters. No sleep, watch on watch
in radio silence.

We endure, beating numbed fingers, eager to strike
the first blow in the greatest of all wars.
When we set out the Kuriles were covered in snow,
terns rose screaming from their icy rookeries
sudden as an onset of spirits.

We come back in the snow—a feathered mantle
disappearing in the sea. When the Admiral's
battle-grey carrier rounded to anchor in Hitokappu Bay,
our cheers for the Emperor split the sky.

LA CANCIÓN DE LA CUBIERTA DE VUELO:
EL AKAGI DIC. 1941

El tiempo invernal empeora, gris, gris, el frío cielo,
negro, negro el océano espeso. Una densa niebla desciende.
Los hombres son arrastrados por la borda, nuestras banderas de señales
congeladas se rompen en jirones. No hay sueño, guardia tras guardia
en el silencio de la radio.

Aguantamos, golpeando dedos entumecidos, ansiosos de dar
el primer golpe en la mayor de todas las guerras.
Cuando partimos, las Kuriles estaban cubiertas de nieve,
las gaviotas se levantaron gritando de sus heladas madrigueras
súbitas como una aparición de los espíritus.

Regresamos en la nieve; un manto de plumas
que desaparece en el mar. Cuando el portaaviones gris
del Almirante ancló en la bahía de Hitokappu,
nuestros vítores para el Emperador dividieron el cielo.

DAVID MOODY

Near death

We figure death
      as the Grim Reaper –
           hooded skull, hourglass
               and scythe . . .

But at that moment
      it was a beefy Dublin lass
           cycling like a bat out of hell
who nearly mowed me down.

Dublin, 10 July 2013

DAVID MOODY

Cerca de la muerte

Imaginamos la muerte
       como la Gran Segadora:
              capucha sobre la calavera, reloj de arena
                  y guadaña…

Pero en aquel momento
       era una muchacha fornida de Dublín
              que pedaleaba como alma que lleva el diablo
y casi me rebana.

Dublín, 10 de julio de 2013

Printed on Snow

A fine line
of small prints
across the snow

(a field-mouse
running?)
stops short

in mid-field —
at its end
a wing-print

on the snow
delicate & precise
shows an owl

stooped there,
so delicate and
so precise.

Huellas en la nieve

Una línea fina
de diminutas huellas
a través de la nieve

(¿un ratón de campo
a la carrera?)
se detiene en seco

en el centro del campo;
al final
una huella de ala

en la nieve
delicada y precisa
muestra un búho

se agachó allí,
tan delicado y
tan preciso.

Swifts

for Joanna

fierce sharp crying
of gangs of swifts
hawking the highflying
small insects
in the warm dusk
suddenly all gone
into stillness
and the silent stars

and suddenly stilled
the cries of children
playing in the street
on into the dark.

Swift play of lightning now
out of far thunderheads.

Vencejos

para Joanna

llanto agudo y feroz
de bandadas de vencejos
a la caza de los pequeños insectos
que vuelan alto
en el cálido atardecer
de repente todo se esfuma
en la calma
y las estrellas silentes

y de repente enmudecen
los gritos de los niños
que juegan en la calle
en la oscuridad.

Ahora el juego de los rayos
Desde lejanos truenos.

While the pandemic rages

Clear sunlight
and such stillness—
not a stir of breeze—

in the stillness
a sudden staccato
diminuendo

of a distant
woodpecker
in the hillside trees.

26.03.20

Mientras la pandemia arrasa

Luz clara
y tanta quietud…
ni una pizca de brisa;

en la calma
un repentino staccato
diminuendo

de un lejano
pájaro carpintero
en los árboles de la ladera.

26.03.20

RON SMITH

E.P. in the Garden

Up the big maple
into my brother's crow's nest,
            the house hidden by leafy branches . . .

    Beyond the hedge occasional cart, carriage,
                        every half hour, a rattling tram
jolting past . . . He must not miss
            the last car, the train to Wyncote.
                "There's another
    in half an hour." "Ah, Dryad," he says . . .
        We sway
                with the wind, with the clouds . . .

Finally, finally, we slide, slip through the branches, leap
            together to the ground, the solid ground.
    "No," I say, "no," drawing back, a girl
        of my time and place.
                    "I'll run ahead and stop
    the trolley, quick, get your books, whatever
            you left in the hall." "I'll get them next time,"
        he says. "Run," I say, "run." He just
            catches it, nearly falling, the trolley, swaying . . .

Now, I face them in the house,
                Father winding the clock, Mother
    saying, "Where were you?
                Didn't you hear me calling?
    Where is Ezra Pound?"
        "Gone." "Books? Hat?" "He'll get them next time."

Author's note: Drawn primarily from H.D.'s *End to Torment*, this poem was first
published in *Artemis*.

Ron Smith

E.P. en el jardín

Trepando por el arce grande
hasta la cabaña en el árbol de mi hermano,
        la casa oculta tras las frondosas ramas…

Más allá del seto alguna carreta o carruaje
                cada media hora, un tranvía chirriante
dando tumbos… No puede perder
        el último coche, el tren a Wyncote.
                "Pasa otro
en media hora." "Ah, Dríade," me dice…
        Nos mecemos
                con el viento, con las nubes…

Por fin, por fin bajamos, resbalamos por las ramas, juntos
        saltamos al suelo, a tierra firme.
"No," digo, "no," apartándome, una chica
        de mi tiempo y lugar.
                "Correré hasta parar
el tranvía, rápido, coge los libros, las cosas
        que dejaste en la entrada." "Otro día las recojo,"
contesta. "Corre", digo, "corre". Se sube
        por un pelo, casi se cae, oscila el tranvía…

Ahora los veo en la casa,
                Padre le da cuerda al reloj, Madre
        dice: "¿Dónde estabais?
                ¿No me oíais?
¿Dónde está Ezra Pound?"
        "Se ha ido." "¿Libros? ¿Sombrero?" "Vendrá a por ellos otro día".

Nota del autor: Tomado en gran parte de *End to Torment* de H.D., este poema se publicó por primera vez en *Artemis*.

Hilda Was Too Tall for a Washable Frock

Her mother wished dresses could fit her
"the way they did other girls." Toweringly embarrassed
        in Wanamaker's, Bonwit Teller's, she was
savage on the basketball court.

        Nothing fit her but Ezra, turret of classics,
torrent of words, who would climb
        the lofty maple in her parents' garden.
Another's beating heart, another's breath, clang
                of the trolley beyond the hedges. They
        stretched out in the crow's nest her brother had built.

        How he ached to kiss her, how she ached.
                He frightened her every time he caught the last
possible trolley, wildly swaying, nearly falling, waving, shouting,
        "I'll pick up my hat, the books next time!"

Author's note: Drawn primarily from Barbara Guests's *Herself Defined: H.D. & Her World* and H.D.'s *End to Torment*, this poem was first published in *Artemis*.

Hilda era muy alta para vestidos de niña

Su madre quería que los vestidos le sentaran
"como a las otras niñas." Sobresalía, avergonzada
        en Wanamaker's y Bonwit Teller's, era salvaje
en la cancha de baloncesto.

        Nada le sentaba bien salvo Ezra, torreta de clásicos,
torrente de palabras, que trepaba
        por el arce imponente del jardín de sus padres.
El latido ajeno, el aliento ajeno, el chirrido
                del tranvía tras el seto. Se estiraban
        en la cabaña del árbol construida por su hermano.

        Cómo deseaba besarla, cómo lo deseaba ella.
                La asustaba al subirse al último tranvía
en servicio, columpiándose, a punto de caer, saludaba y gritaba:
        "¡Otro día recojo el sombrero y los libros!"

Nota del autor: Tomado en gran parte de *Herself Defined: H.D. & Her World* de
Barbara Guest y de *End to Torment* de H.D., este poema se publicó por primera vez
en *Artemis*.

On Translation

The gap
between word and world is
unbridgeable.

The gap
between word and word is
unbridgeable.

Stop gaping,
poet: Make
the leap.

(First published in *Poetica Review*)

Sobre la traducción

La brecha
entre palabra y mundo es
insalvable..

La brecha
entre palabra y palabra es
insalvable.

Salva la brecha,
poeta: Da
el salto.

CLIVE WILMER

The Law of the House

A house of good stone
cut fair and square,
Justice the governor –

spotless, abstract,
a goddess held in common
by all people. And all

particulars too, by virtue
of being, acknowledge
her true sway. As economy

is house law, it follows
that builders should dispose
with precision – that is,

lapidary justice.
It is a scene in fresco –
equable rule

there, figured
by impartial light
and clear space. But if

the contrasted masses
move, clash, if the ground quake
and dislodge stone,

if storm
set person against
person or against thing,

what syntax in confusion
can piece together
the logic of her dark will?

(*Of Earthly Paradise*, 1992)

Author's note: "The law of the house" translated from the Greek root of "economics".

CLIVE WILMER

La ley de la casa

Una casa de piedra sólida
perfectamente construida,
el Gobernador de Justicia…

inmaculada, abstracta,
una diosa venerada
por toda la gente. Y todo

individuo también, en virtud de
existir, reconoce
su verdadero dominio. Puesto que la economía

es la ley de la casa, se deduce
que los constructores deben eludir
la precisión, es decir,

justicia lapidaria.
Es una escena al fresco:
regla ecuánime

allí, adornada
por la luz imparcial
y el espacio despejado. Pero si

las formas opuestas
se mueven, chocan, si el suelo tiembla
y desplaza la piedra,

si la tormenta
pone a una persona contra
otra o contra otra cosa,

¿qué sintaxis confusa
puede reconstruir
la lógica de su oscura voluntad?

Nota del autor: "La ley de la casa" traducido de la raíz griega de "economía".

At the Grave of Ezra Pound

San Michele, Venice

1

here lies a man
of words, who in time
came to doubt their meanings

who therefore confines
himself to two words
only here

EZRA POVND

minimal
the injury done
to the white stone

none
to the earth
it rests upon

2

The spoils of a corsair –
who ranged the Mediterranean
and brought home
porphyry, alabaster, lapis lazuli
and every hue and current of veined marble.

In the bayleaves' shade
dumb now
and within earshot
of the stilled Adriatic
deaf, rests
under white marble
la spoglia, the remains.

En la tumba de Ezra Pound

San Michele, Venecia

1

aquí yace un hombre
de palabras, que con el tiempo
llegó a dudar de sus significados

que por lo tanto se limita
a dos palabras
sólo aquí

EZRA POVND

mínimo
el daño hecho
a la piedra blanca

ninguno
a la tierra
sobre la que descansa

2

El botín de un corsario
que recorrió el Mediterráneo
y trajo a casa
pórfido, lapislázuli, alabastro
y todos los tonos y corrientes de mármol veteado.

A la sombra de los laureles
mudo ahora
y al alcance del oído
de los silenciosos
adriáticos, descansa
bajo el mármol blanco
la spoglia, los restos.

Poets and Translators

Borja Aguiló studied English Philology in Salamanca and received his PhD in 2014 with a thesis focused on the poetry of Theodore Roethke. He later passed the competitive exams to become a secondary school teacher and currently teaches at the Ramón Llull secondary school in Palma de Mallorca. He has published a translation of one of Mark Twain's lesser-known works, *Family Sketch* (*Un Bosquejo de Familia*, Sloper, 2018), and together with Ben Clark he has co-translated an anthology of war poetry (*Tengo una Cita con la muerte*, Linteo, 2011).

José María Álvarez Alonso-Hinojal, who holds a degree in Philosophy and Literature from the University of Madrid and Murcia, is one of the most important representatives of the Novísimos poets. In 1985 he organized the international tribute to Pound in Venice, as documented in his book *Treinta años después. Los que estuvimos allí. Homenaje a Ezra Pound*. He has an extensive body of work, including *El libro de las nuevas herramientas* (1964), *Nocturno* (1983), *El escudo de Aquiles* (1987) and *La serpiente de bronce* (1996), collected in *Museo de cera* (1974). His work has been awarded numerous distinctions and International Poetry Prizes such as "Barcarola." He is also a renowned translator of Constantine Cavafy, François Villon, Shakespeare, Jack London and Mayakovsky.

John Beall taught English at Collegiate School in New York City from 1989 to his retirement in 2020. His first book of poems, *Self-Portraits*, was published in 2019 by Finishing Line Press. The poems, "Self-Portrait" and "November 22, 1963," were awarded the Gwendolyn Brooks Poetry Prize in 2016 and 2017. His poems have appeared in *The Henry James Review*, *Slant*, *MidAmerica*, and *Songs and Poems for Hemingway & Paris*. His essay on "Pound, Hemingway, and the Inquest Series," appeared in volume 44 of *Paideuma*. His essay on "Ernest Hemingway's Reading of James Joyce's *Ulysses*" appeared in volume 51.4 of *The James Joyce Quarterly*.

David Cappella, Professor Emeritus of English and the 2017/2018 Poet-in-Residence at Central Connecticut State University, has co-authored two widely used poetry textbooks, *Teaching the Art of Poetry: The Moves* and

A Surge of Language: Teaching Poetry Day to Day. His *Gobbo: A Solitaire's Opera*, which won the Bright Hill Press Poetry Chapbook Competition in 2006, was published by Cervena Barva Press, which also published it in an Italian bilingual edition with Puntoacapo Editrice (2021). His poems and essays have appeared in various literary journals and anthologies in the US and Europe. His novel, *Kindling*, has been called "a powerful and devastating coming-of-age story." Currently, he is co-translating *Tracce di un'anima*, a book of poems by the Italian poet, Germana Santangelo, and working on a memoir, *Tugging the Mayflower Home*. Visit his university web site: http://webcapp.ccsu.edu/?fsdMember=249

Natalia Carbajosa holds a PhD in English Philology from the University of Salamanca and is a professor of English language at the Polytechnic University of Cartagena. She has published five books of poetry, among which *Desde una estrella enana* (2009), *Tu suerte está en Ispahán* (2012) and *Lugar* (2019) stand out. She has also published translations of poets such as H.D., Rae Armantrout, Kathleen Raine, Lorine Niedecker (whose anthology *And the Place was Water / Y el lugar era agua* won the AEDEAN Translation Award in 2019), Emily Fragos and Adrienne Rich, among others. She is the author of *Shakespeare and the Language of Comedy* (2009) and, in collaboration with Isabel Castelao-Gomez, *Female Beatness: Women, Gender and Poetry in the Beat Generation* (2019, Javier Coy Award of American Studies 2021), as well as the bilingual children's book (English/ Spanish), *The Adventures of Perico Pico*, which received an award at the International Latino Book Awards in California in 2017. She is co-translator, with Viorica Patea, of the Romanian poet Ana Blandiana. Her website is www.nataliacarbajosa.es.

Ernesto Cardenal is one of the most prominent voices in contemporary Spanish-American poetry. His poems, from the initial *Epigramas* to the recent *Los hijos de las estrellas,* have been described as "exteriorist," a collage of narrative and colloquial idioms encompassing multiple registers: religious, political, scientific, historical and anthropological. Heavily influenced by Ezra Pound, Cardenal situates the poem in the space of exterior objective reality. His work has been translated into more than twenty languages and he has won several awards and distinctions, such

as the Ibero-American Pablo Neruda Poetry Prize (2009), the Queen So-
fía Award for Ibero-American Poetry (2012), the Legion of Honor of the
French Republic (2013), and the Pedro Henríquez Ureña International
Prize (2014), as well as the Mario Benedetti International Prize (2018).
The most recent collection of his complete poetry is the Spanish edition
by Trotta Publishing House (2019).

JEANNETTE LOZANO CLARIOND is a poet and translator. She has pub-
lished *Mujer dando la espalda, Desierta memoria* (Efraín Huerta National
Poetry Prize); *Todo antes de la noche* (Gonzalo Rojas National Poetry
Prize); *Leve sangre* (finalist for the Cope de Perú Prize); *Ante un cuerpo
desnudo* (San Juan de la Cruz International Poetry Prize), and *March 10,
NY*, a book written in response to the U.S. invasion of Baghdad. Among
her most relevant translations: *La Escuela de Wallace Stevens*, co-edit-
ed with Harold Bloom (Best Translation Award at the New York Book
Fair), presented at the Cervantes Institute; Charles Wright's *Zodiaco Ne-
gro, Una breve historia de la sombra* y *Caribou*, the complete poetry of
Elizabeth Bishop, the complete poetry of Primo Levi, and Anne Carson's
Nox, Decreación, and *Economía de lo perdurable.* She is the founder of
the Louis Braille Ibero-American Poetry Prize and the director of Vaso
Roto Ediciones.

BEN CLARK is a poet and translator. He has published, among others, the
poetry collections *Los hijos de los hijos de la ira* (XXI Premio de Poesía
Hiperión), *La Fiera* (Sloper, 2014), which gained him the Prize "El Ojo
Crítico de RNE de Poesía 2014", and *La policía celeste* (Visor, 2018), for
which he won the XXX Poetry Loewe Award. He is a poetry tutor at the
Antonio Gala Foundation for Young Creators in Córdoba and a poetry
professor in the Virtual Master's Degree in Creative Writing at the Uni-
versity of Salamanca.

ANTONIO COLINAS is one of Spain's most outstanding poets. Also a novel-
ist, essayist, and translator, he won the Spanish National Prize for Literature
(1982) and was more recently distinguished with the prestigious Reina
Sofía Award for Poetry (2016). His many poetry books include *Libro de la
mansedumbre* (1997), *Sepulcro en Tarquinia* (1975), *Noche más allá de la*

noche (2004), *El río de sombra* (2004), *Desiertos de la luz* (2008), *En la luz respirada* (2004), and *Canciones para una música silente* (2014). Colinas belongs to the Novísimo group, along with poets such as Félix de Alzúa, Pere Gimferrer, Vicente Molina Foix, Guillermo Carnero and Leopoldo María Panero. In May 1971, he visited Pound in Venice.

LUIS ALBERTO DE CUENCA poet, professor of Classical literature and literary critic, is a prominent member of the poetic movement *Novísimos* ('The Newest Ones'). He holds a doctorate in Classical Philology (with a thesis on the Greek poet Euphorion of Calcis) and is Research Professor at the Spanish National Research Council (CSIC). He debuted with *Retratos* (1970) followed by *Elsinore* (1972) inspired by Ezra Pound and T. S. Eliot. His poems are collected in *Poesía 1972–1998* (Madrid, Visor, 1999) and *Sin miedo ni esperanza* (Madrid, Visor, 2002). He has been director of the CSIC and the National Library. Since 2010 he has served as a member of the Real Academia Española. In addition to being a translator, literary critic and author of a dozen studies of classical culture, he is also a musical lyricist of the songs of the rock group Orquesta Mondragón, while some of his poems have been set to music by Gabriel Sopeña and performed by rock singer Loquillo (2004).

PATRIZIA BARBARA CINZIA FLAVIA DE RACHEWILTZ was born in 1950 in Merano, in the region of the Italian Dolomites. A poet who writes in several languages (English, Italian, French and Dutch), she is heir to a long poetic tradition. Patrizia grew up in the Tyrol and studied at the French Lycée in Rome. Later, she enrolled at Ca' Foscari University in Venice and continued her studies of English and Japanese literature at the University of Vienna. She made her debut with *Songs of the Peacock* (1977), a collection of symbolic stories, which was followed by other books of poems: *My Taishan* (2007), *Dear Friends* (2008) and *Tresspassing* (2011). She has also translated Cummings's poems into Italian, *Favole* (Edizioni Scheiwiller 1975) and has published in English texts by Paul de Musset, *Mr. Wind and Madam Rain* (Edizioni C'era una volta 1994), Michael Lekakis, *Eros Psyche* (Raffaelli Editore 2007) and Cesare Pavese, *Your Eyes* (poems, Palisade Press 2009). Her poems have been translated into Spanish, Italian and German.

Paul Scott Derrick is a Senior Lecturer, now retired, in American literature at the University of Valencia. He has published three collections of essays and has co-authored a large number of bilingual (English-Spanish) critical editions of works by Ralph Waldo Emerson, Emily Dickinson, Henry Adams and Sarah Orne Jewett. He is co-editor of *Modernism Revisited: Transgressing Boundaries and Strategies of Renewal in American Poetry* (Rodopi 2007) and is also one of the co-editors of *The Companion to Richard Berengarten* (Shearsman 2016) and *Managing The Manager: Critical Essays on Richard Berengarten's Book-length Poem* (Cambridge Scholars 2019). With Miguel Teruel, he has translated Berengarten's *Black Light* into Spanish (JPM Ediciones 2012) and with Viorica Patea, has translated the Romanian poet Ana Blandiana's poems into English (*My Native Land A4*, Bloodaxe 2014) as well as *The Sun of Hereafter & Ebb of the Senses* (Bloodaxe 2017) and *Five Books* (Bloodaxe 2021). His critical essays, translations and poems have appeared in numerous print and electronic journals in both Europe and the US.

Jordi Doce holds a degree in English Philology from the University of Oviedo and a PhD in Comparative Literature from the University of Sheffield. He was a lecturer in Spanish at Oxford University between 1997 and 2000. Poet, critic, and translator, his most recent publications are *La puerta verde. Lecturas de poesía angloamericana* (2019) and the anthology *En la rueda de las apariciones. Poems 1990-2019* (2020). An English anthology of his poems, entitled *Nothing Is Lost: Selected Poems*, (Shearsman 2017), was followed by the bilingual edition of his book *We Were Not There* (2019), both translated by Lawrence Schimel. He coordinates the poetry collection of Galaxia Gutenberg Publishing House. More information at: http://jordidoce.blogspot.com/

Silvia Falsaperla is a graduate of the University of Toronto. She has published short fiction in Canadian literary magazines and her poems have appeared in the Association of Italian Canadian Writers newsletters and were recently anthologized in *Make it New* (The Ezra Pound Society Magazine, 2019), *Ezra's Book* (Clemson University Press, 2019), and *People, Places, Passages: An Anthology of Canadian Writing* (Longbridge Books, 2018). Other poems have been published in *Italian Canadiana*

(University of Toronto, 2020) and in the special print issue of *Accenti* (Spring 2020). She recently completed her first collection of poetry.

RHETT FORMAN is a Lecturer at Tarleton State University in Stephenville, Texas where he teaches English and American Literature and directs a liberal arts degree program. He is an alumnus of St. John' College (Santa Fe), the University of Dallas, the University of Salamanca, and the University of New Orleans Ezra Pound Center for Literature. His creative and scholarly work has appeared in such publications as *Literature of the Americas*, *Contemporary Studies in Modernism*, *Borderlands: Texas Poetry Review*, and *Make It New*.

JOHN GERY's collections of poetry include, most recently, *The Enemies of Leisure* (reprint 2021) and *Have at You Now!* His work has appeared in journals worldwide and been translated into nine languages. He has also published criticism on a wide range of poets, including in his critical work, *Nuclear Annihilation and Contemporary American Poetry: Ways of Nothingness*. Other books include (with Vahe Baladouni) *Hmayeak Shems: A Poet of Pure Spirit* (2010), and (with Rosella Mamoli Zorzi, Massimo Bacigalupo, and Stefano Maria Casella) *In Venice and the Veneto with Ezra Pound* (2007). His awards include NEA and Fulbright fellowships, and he has been a Visiting Professor at University of Iowa, Bucknell, University of Minnesota, and Belgrade University. A Research Professor of English at the University of New Orleans, he directs the Ezra Pound Center for Literature, Brunnenburg, Italy, and is Series Editor for the EPCL Book Series at Clemson University Press. Since 2005, he has served as Secretary of the Ezra Pound International Conference.

JEFF GRIENEISEN is a professor of literature and creative writing at State College of Florida and an adjunct professor of creative writing at Ringling College of Art and Design. His first full-length book of poetry, *Good Sumacs*, was published by MAMMOTH books and a second is under contract with Lavender Ink/Diálogos. He has also published poems as well as scholarship on Ezra Pound, T. S. Eliot, Ernest Hemingway, and Edgar Allan Poe in a number of anthologies and journals.

Poet and painter Juan Antonio González-Iglesias is also a translator, literary critic, and Professor in the Classics Department at the University of Salamanca. Among his published books are *La hermosura del héroe* (1993), *Ensayando círculos* (1997) *Vayamos hacia el norte aunque sea dando la vuelta por el sur* (2001), *Más hermosura* (2002), and *Eros es más* (2007). He has been distinguished with various awards, such as the Jaime Gil de Biedma International Poetry Prize, International "Generación del 27" Prize, and Loewe Prize.

Jorge Guillén (1893–1984) is a highly-regarded poet of the so-called Generation of '27, a direct disciple of Juan Ramón Jiménez. He practiced a style of refined lyrical composition shared by other members of the group, such as Pedro Salinas, Vicente Aleixandre and Dámaso Alonso. His first publication, *Cántico* (1923), consisted of 75 poems published in *La Revista de Occidente*. Guillén conceived his writings as a continuous oeuvre; therefore, *Cántico* was published successively until 1950 and grew to 334 poems divided into different sections. He holds two doctorates: one in 1924 from Madrid Complutense University (on the Baroque poet Luís Góngora) and one from Oxford where he lectured between 1929-1931. Because of the Spanish Civil War, he went into exile in 1938 and became a professor in the US and Canada, teaching at Middlebury College, McGill, Wellesley College, Harvard and the University of Puerto Rico. He returned to Spain in 1975. He holds the First Cervantes Prize (1976), served as Honorific Member of the Spanish Royal Academy (1978), and received the "Favourite Citizen of Andalucia Award" (1983).

Chengru He 何琤茹 is a poet from Shanghai. She currently lives in Salt Lake City, Utah. She writes in Chinese and English, sometimes under the pen name He Xihe 何羲和. She holds a MFA in Creative Writing at the University of Alabama, Tuscaloosa, and at present she continues her PhD studies in English Literature. She dips her pen into poetry and poetics, translation and translation studies, and transnational modernism. She enjoys walking in nature, or adventuring through photography, music, painting, and film.

Julián Herbert is a Mexican poet, novelist, short-story writer and musician. He studied Spanish literature at the Universidad Autónoma de

Coahuila, and his first publication, in 1993, was a selection of short stories. His first novel, after publishing four collections of poems, was *Un mundo infiel* (2004). He received the Gilberto Owen Award for National Literature in 2003, the Unpublished Novel Award 2011 for *Canción de tumba* (an elegy for his mother), and the Elena Ponitowska Novel Award in 2012. As a musician, he has participated in the rock band, Los Tigres de Borges.

Justin Kishbaugh holds an M.F.A. in Creative Writing from the Jack Kerouac School of Disembodied Poetics at Naropa University and a Ph.D. in English Literature from Duquesne University. He co-edited and contributed to the poetry anthologies, *A Packet of Poems for Ezra Pound* and *Ezra's Book*, also published by the Ezra Pound Center for Literature at Clemson University Press. More of his poetry can be found in *For the Blue Flash*, and his scholarship in *Ezra Pound and the Arts*. Justin lives in Providence, Rhode Island, with his wife, Dr. Galateia Demetriou, and is the Associate Director for Academic Success and a Professor of Writing at Roger Williams University School of Law. When not at work on Pound or poetry, Justin can be found wandering museums, reading Wolverine comics, listening to Keith Richards, or watching *Magnum P.I.* reruns.

Tony Lopez, best known for his book-length poem, *False Memory* (The Figures, 1996; Salt, 2003; Shearsman, 2012), has published 25 books of poetry, criticism and fiction. In 2012 he published the epic prose poem *Only More So* (Shearsman). He has received awards from the Wingate Foundation, the Society of Authors, the Arts and Humanities Research Council, and Arts Council England. His poetry features in major anthologies including *Twentieth-Century British and Irish Poetry* (Oxford University Press), *The New Concrete* (Hayward Publishing), *The Art of the Sonnet* (Harvard University Press), *Other: British and Irish Poetry since 1970* (Wesleyan University Press), and *Conductors of Chaos* (Picador). His critical writings include *The Poetry of W. S. Graham* (Edinburgh University Press) and *Meaning Performance* (Salt). He taught for many years at Plymouth University and was appointed the first Professor of Poetry there (2000) and Emeritus Professor (2009). Since 2009 he has been making art out of words, working on public commissions with animators, programmers, stone carvers, neon and LCD fabricators, art printers and web designers to explore the possibilities of language display. Recent poems have appeared in *Poetry* (Chicago) and *Blackbox Manifold*. He lives in Exmouth in Devon.

SEAN MARK completed a PhD in Comparative Literature at the universities of Tübingen, Bergamo and Brown, on a fellowship from the European Commission. He has published on Pound, Pasolini, and Italian Futurism, and his first book, *Pound and Pasolini: Poetics of Crisis*, has been published by Palgrave Macmillan (2022). His poems have appeared in *A Packet of Poems for Ezra Pound* (Clemson University Press, 2017). He has also edited and translated two books by contemporary Italian poets for Chelsea Editions Press (New York) and has translated for Routledge and the Italian Poetry Review. A 2018–19 British Academy post-doctoral fellow at the British School at Rome, he now lives in Paris, where is Associate Professor of English at Université Catholique de Lille.

ALEC MARSH is Professor of English at Muhlenberg College, Pennsylvania. He has written extensively on Ezra Pound, William Carlos Williams, and twenty-century American poetry. He writes poetry and teaches English and American nineteenth and twentieth century literature. His most recent books on Pound focus on the defiant poet's regrettable political commitments and difficult late Cantos during his incarceration at St Elizabeths Hospital in Washington.

DAVID MOODY, Emeritus professor University of York (UK), is the author of two poem sequences: *At the Antipodes: Homage to Paul Valéry* (Bedlam Press, 1982); *News Odes: The El Salvador Sequence* (Bedlam Press, 1984). Otherwise, he is the author of *Ezra Pound: Poet* (3 vols., OUP, 2007, 2014, 2015); *Tracing T. S. Eliot's Spirit: Essays on his Poetry & Thought* (CUP, 1996); *Thomas Stearns Eliot: Poet* (CUP, 1979); *Virginia Woolf* (Oliver & Boyd, 1963). And he is the editor of: *Ezra Pound to his Parents: Letters 1895-1929*, with Mary de Rachewiltz and Joanna Moody (OUP, 2010); *Cambridge Companion to T. S. Eliot* (CUP, 1994); and *'The Waste Land' in Different Voices* (Edward Arnold, 1974).

VIORICA PATEA is Full Professor of American and English Literature at the University of Salamanca. Her published books include *Entre el mito y la realidad: Aproximación a la obra poética de Sylvia Plath* (1989); a study on Whitman, *La apología de Whitman a favor de la épica de la modernidad* (1999); and a study of T. S. Eliot's *The Waste Land* (Cátedra 2022). She has edited various collections of essays such as *Critical Essays on the Myth of the American Adam* (2001) and *Modernism Revisited: Transgressing Boundaries and Strategies of Renewal in American Poetry* (2007), together with Paul Scott Derrick. She also edited a collection of essays, *Short Story Theories: A Twenty-First-Century Perspective* (2012), which received the Javier Coy Research Award for the best edited book (2013) from the Spanish Association of American Studies. Her research interests include foremost poetry and poetics, as well as comparative studies in witness literature of East-European countries. With Paul Scott Derrick and Natalia Carbajosa she has translated the poems of the Romanian poet Ana Blandiana into English and Spanish, respectively.

María Ángeles Pérez López is a poet and Professor of Spanish-American Literature at the University of Salamanca. She has published several books and chapbooks. Anthologies of her work have been published in Caracas, Mexico City, Quito, New York, Monterrey and Bogotá, as well as bilingual editions in Italy and Portugal. She is a corresponding member of the U.S. Academy of the Spanish Language, a member of the Academy of Minstrels of Fontiveros, and an adopted daughter of the hometown of San Juan de la Cruz. Her poems have appeared in collective anthologies. She has recently been included in the prestigious monographic dossier "Voix d'Espagne (XXe-XXIe siècles). Résonances contemporaines de la poésie espagnole: Poèmes, poétiques et critiques" in *Hispanisme S. Revue de la Société des Hispanistes Français* 13 (2020). She has been a juror, among others, for the Cervantes Prize and the Reina Sofía Prize for Ibero-American Poetry. In 2022 she received the Critics' Prize of National Poetry.

Gonzalo Rojas Pizarro (1916-2011), a Chilean writer, poet and teacher, belonged to the so-called Generation of '38. One of the most outstanding representatives of 20th century Spanish-American avant-garde and considered one of the greatest Hispano-American poets of the 20th century, he was honored with many distinguished awards and during his life received more than twenty Doctor Honoris Causa awards from Hispano-American,

European and US universities. Among the most outstanding honors con-
ferred upon him is the Reina Sofía Prize for Ibero-American Poetry (1992
Salamanca). Other awards include the National Literature Prize of Chile
(1992); the José Hernández Prize (1997), the highest literary distinction of
Argentina; the Octavio Paz Prize for Poetry and Essay (1998 Mexico); and
in 2003 the Miguel de Cervantes Prize (2003 Madrid) for literature, the
highest recognition of the Spanish language.

JAIME SILES is a Professor of Latin Philology at the University of Valen-
cia and doctor "honoris causa" of the University of Clermont-Ferrand. He
belongs to the Novísimos group of poets and his books of poetry include
Canon, 1973 (Ocnos Prize), *Música de agua* (1983, Valencian Critics'
Prize and the Spanish Poetry Critics' Prize), *Semáforos, Semáforos* (Traffic
Lights, 1990, Loewe Prize), *Himnos tardos* (1999, International "Gener-
ación del 27" Prize), *Desnudos y acuarelas* (2009, Tiflos Prize for Poetry),
and Horas extra (2011). His other distinguished awards include the José
Hierro National Poetry Prize, the City of Torrevieja International Poetry
Prize, and the Jaime Gil de Biedma International Poetry Prize. In recogni-
tion of his entire oeuvre he was awarded the Teresa de Ávila Prize (2003),
the Valencian Letters Prize (2004), the Andrés Bello Prize (2017) and the
UNESCO Prize (2019). Siles has been President of the Spanish Society of
Classical Studies (2008-2016), director of the Classical Studies Hall of the
Alfonso El Magnánimo Institute of the Provincial Council of Valencia,
editorial secretary of *Revista de Occidente*, and advisor on Culture to the
Permanent Representation of Spain to the United Nations. In 2013 the
Valencia City Council named him Favourite Son of the City.

RON SMITH, the former Poet Laureate of Virginia, is the author of *The
Humility of the Brutes*, *Its Ghostly Workshop*, *Moon Road*, and *Running
Again in Hollywood Cemetery*, judged by Margaret Atwood "a close run-
ner-up" for the National Poetry Series Open Competition. A handsome
new edition of *Running Again* appeared in 2020. Smith's prize-winning
poems have appeared in *The Nation*, *Kenyon Review*, *New England Review*,
Kansas Quarterly, *Georgia Review*, *Plume*, *Blackbird*, *Five Points*, and *Arts
of War & Peace* (L'université Paris Diderot). More than 100 of his poems
have been published in anthologies in the 21st century, including Helen

Vender's *Poems, Poets, Poetry*. Smith is currently Writer-in-Residence at St. Christopher's School and Poetry Editor for *Aethlon: The Journal of Sport Literature*.

CLIVE WILMER is a poet, translator, critic and lecturer. He has published eight volumes of poetry, including his *New and Collected Poems* (Carcanet, 2012) and *Urban Pastorals* (Worple, 2014). He has also published eight volumes of poetry translated from Hungarian in collaboration with George Gömöri. He has written for many periodicals, including *PN Review* and the *Times Literary Supplement*. He is an Emeritus Fellow of Sidney Sussex College, an Honorary Patron of the William Morris Gallery in Walthamstow, an Honorary Fellow of Anglia Ruskin University, and an Anniversary Fellow of Whitelands College, Roehampton University. He is an enthusiastic admirer of the work of John Ruskin, on whom he has written extensively, and from 2009-2019 he was Master of Ruskin's charity, the Guild of St George.

Poetas y traductores

Borja Aguiló estudió Filología Inglesa en Salamanca y se doctoró en 2014 con una tesis centrada en la poesía de Theodore Roethke. Más adelante aprobó las oposiciones de secundaria y actualmente es profesor en el instituto Ramón Llull de Palma de Mallorca. Ha publicado una de las obras menos conocidas de Mark Twain *Un Bosquejo de Familia* (Sloper, 2018) y en colaboración con Ben Clark una traducción de poesía de guerra *Tengo una Cita con la muerte*, (Linteo, 2011).

José María Álvarez Alonso-Hinojal, licenciado en Filosofía y Letras por las Universidades de Madrid y Murcia, es uno de los poetas más importantes de la generación de los Novísimos. En 1985 organizó el homenaje internacional a Pound en Venecia, objeto del libro *Treinta años después. Los que estuvimos allí. Homenaje a Ezra Pound*. Tiene una amplia obra poética de la que destacan sus libros de poemas *El libro de las nuevas herramientas* (1964), *Nocturno* (1983), *El escudo de Aquiles* (1987) y *La serpiente de bronce* (1996), reunidos en *Museo de cera* (1974). Su obra ha sido galardonada con numerosas distinciones, como el Premio Internacional de Poesía "Barcarola". Es también un reputado traductor de Constantino Kavafis, François Villon, Shakespeare, Jack London y Maiakovki.

John Beall fue profesor de literatura inglesa desde 1989 hasta 2020 en la Collegiate School de Nueva York. Su primer libro de poemas, *Self-Portraits*, fue publicado en 2019 por la editorial Finishing Line Press. Los poemas "Self-Portrait" y "22 de noviembre de 1963" recibieron el Premio de Poesía Gwendolyn Brooks en 2016 y 2017. Sus poemas han aparecido en revistas como *The Henry James Review*, *Slant*, *MidAmerica*, y *Songs and Poems for Hemingway & Paris*. Su ensayo "Pound, Hemingway, and the Inquest Series" apareció en el volumen 44 de la revista *Paideuma*. Su ensayo "Ernest Hemingway's Reading of James Joyce's *Ulysses*" figura en el volumen 51.4 de *The James Joyce Quarterly*.

David Cappella, Profesor Emérito de Inglés y Poeta Residente de la Universidad Estatal de Connecticut Central (2017/2018), es coautor de dos libros de texto de poesía ampliamente utilizados, *Teaching the Art of Poetry: The Moves* y *A Surge of Language: Teaching Poetry Day to Day*. Su *Gobbo: A Solitaire's Opera* ganó el Concurso de Poesía de Bright Hill Press en 2006. El manuscrito del libro se publicará con la editorial Cervena Barva y una edición italiana bilingüe con la editorial puntoacapo Editrice. Sus poemas y ensayos han visto la luz en varias revistas literarias y antologías en los EE.UU. y Europa. Su novela, Kindling, ha sido considerada "una poderosa y devastadora historia de madurez". Actualmente está co-traduciendo *Tracce di un'anima*, un libro de poemas de la poetisa italiana Germana Santangelo y trabaja en sus memorias, *Tugging the Mayflower Home*. Visite el sitio web de su universidad: http://webcapp.ccsu.edu/?fsdMember=249

Natalia Carbajosa es doctora en Filología Inglesa por la Universidad de Salamanca y profesora titular de lengua inglesa en la Universidad Politécnica de Cartagena. Como poeta, destacan sus libros *Desde una estrella enana* (2009), *Tu suerte está en Ispahán* (2012) y *Lugar* (2019). Ha publicado traducciones de poetas como H.D., Rae Armantrout, Kathleen Raine, Lorine Niedecker (cuya antología *And the Place was Water / Y el lugar era agua* obtuvo el Premio de Traducción AEDEAN 2019), Emily Fragos y Adrienne Rich, entre otras. También es autora de los ensayos *Shakespeare y el lenguaje de la comedia* (2009) y *Female Beatness: Mujeres, género y poesía en la generación Beat* (2019, Premio Javier Coy de Estudios Americanos 2021, en colaboración con Isabel Castelao-Gómez, y del libro infantil bilingüe (inglés/español) *Las aventuras de Perico Pico*, premiado en los International Latino Book Awards en California en 2017. Ejerce como co-traductora, junto con Viorica Patea, de la poeta rumana Ana Blandiana. Su página web es www.nataliacarbajosa.es.

Ernesto Cardenal es una de las voces más destacadas de la poesía hispanoamericana contemporánea. Su obra, desde los *Epigramas* iniciales hasta el reciente *Hijos de las estrellas*, es considerada exteriorista, de vocación narrativa y coloquial, así como abierta a múltiples registros: religioso, político, científico, histórico y antropológico. Fuertemente influenciado por Ezra Pound, Cardenal sitúa el poema en el espacio de lo real objetivo, de lo "exterior". Su obra ha sido traducida a más de veinte idiomas y ha obtenido diversos premios y distinciones: Premio

Iberoamericano de Poesía Pablo Neruda en 2009, Premio Reina Sofía de Poesía Iberoamericana en 2012, Legión de Honor de la República Francesa en 2013, Premio Internacional Pedro Henríquez Ureña en 2014 y Premio Internacional Mario Benedetti en 2018. La más completa y reciente recopilación de su Poesía completa ha sido publicada en España por la editorial Trotta en 2019.

Jeannette Lozano Clariond es poeta y traductora. Entre los libros de poemas publicados destacan *Mujer dando la espalda, Desierta memoria* (Premio Nacional de Poesía Efraín Huerta); *Todo antes de la noche* (Premio Nacional de Poesía Gonzalo Rojas); *Leve sangre* (finalista Premio Cope de Perú), *Ante un cuerpo desnudo* (Premio Internacional de Poesía San Juan de la Cruz). Su volumen *Marzo 10, NY* es una respuesta a la invasión de los EEUU a Bagdad. Entre sus traducciones destacan *La Escuela de Wallace Stevens*, en co-edición con Harold Bloom, Premio a la mejor traducción en el marco de la Feria del libro de Nueva York, que fue entregado en el Instituto Cervantes; *Zodiaco Negro, Una breve historia de la sombra*, y *Caribou* de Charles Wright, la poesía completa de Elizabeth Bishop, la poesía completa de Primo Levi y *Nox, Decreación y Economía de lo perdurable* de Anne Carson, entre otros. Es fundadora del Premio Iberoamericano de Poesía Louis Braille. Dirige Vaso Roto Ediciones.

Ben Clark es poeta y traductor. Ha publicado, entre otros, los poemarios *Los hijos de los hijos de la ira* (XXI Premio de Poesía Hiperión), *La Fiera* (Sloper, 2014), por el que obtuvo el Premio El Ojo Crítico de RNE de Poesía 2014, y *La policía celeste* (Visor, 2018), por el que obtuvo el XXX Premio Loewe de Poesía. Es tutor de poesía de la Fundación Antonio Gala para Jóvenes Creadores de Córdoba y profesor de poesía en el Máster Virtual de Escritura Creativa de la Universidad de Salamanca.

Antonio Colinas es uno de los poetas españoles contemporáneos más destacados. También novelista, ensayista y traductor, obtuvo el Premio Nacional de Literatura (1982) y más recientemente fue distinguido con el prestigioso Premio Reina Sofía de Poesía (2016). Entre sus numerosos libros de poesía se encuentran *Libro de la mansedumbre* (1997), *Sepulcro en Tarquinia* (1975), *Noche más allá de la noche* (2004), *El río de sombra*

(2004), *Desiertos de la luz* (2008), *En la luz respirada* (2004), *Canciones para una música silente* (2014). Colinas pertenece al grupo de los Novísimos, junto con poetas como Félix de Alzúa, Pere Gimferrer, Vicente Molina Foix, Guillermo Carnero, Leopoldo María Panero, Luis Alberto de Cuenca, Jaime Siles y José María Álvarez. En mayo de 1971, visitó a Pound en Venecia.

Luis Alberto de Cuenca, poeta, filólogo, helenista y crítico literario, es miembro insigne del grupo poético de los Novísimos. Es doctor en Filología Clásica (con una tesis sobre el poeta griego Euforión de Calcis) y Profesor de Investigación del C.S.I.C. Su poética se inicia en 1970 con *Retratos* seguido de *Elsinore* (1972) con un estilo inspirado en la poética de Ezra Pound y de T. S. Eliot. Su obra está reunida en *Poesía 1972-1998* (Madrid, Visor, 1999) y *Sin miedo ni esperanza* (Visor, 2002). Ha sido director del CSIC y de la Biblioteca Nacional. Desde 2010 es miembro de la Real Academia Española. Además de traductor, es autor de una decena de estudios sobre la cultura clásica, y es también letrista musical de las canciones del grupo de rock La Orquesta Mondragón, mientras que algunos de sus poemas han sido musicalizados por Gabriel Sopeña e interpretados por el cantante de rock Loquillo (2004).

Patrizia Barbara Cinzia Flavia de Rachewiltz nació en 1950 en Merano, en la región de los Dolomitas italianos. Poeta que escribe en varias lenguas (inglés, italiano, francés y holandés), es heredera de una larga tradición poética. Patrizia se crió en el Tirol e ingresó en el liceo francés en Roma. Más tarde, se matriculó en la Universidad Ca'Foscari en Venecia y prosiguió sus estudios de literatura inglesa y japonesa en la Universidad de Viena. Debutó con *Songs of the Peacock* (Paulist Press 1977), una colección de cuentos simbólicos, al que siguieron otros libros de poemas como *My Taishan* (Raffaelli Editore 2007), *Dear Friends* (Palisade Press 2008) y *Tresspassing* (Uno Press 2011). Igualmente tradujo los poemas de Cummings al italiano, *Favole* (Edizioni Scheiwiller 1975), y ha publicado en inglés textos de Paul de Musset, *Mr. Wind and Madam Rain* (Edizioni C'era una volta 1994), *Eros Psyche* de Michael Lekakis (Raffaelli Editore 2007) y poemas de Cesare Pavese, *Your Eyes* (Palisade Press 2009).

PAUL SCOTT DERRICK ha sido durante casi treinta años profesor de literatura norteamericana de la Universidad de Valencia. Ha publicado tres colecciones de ensayos y es coautor de un gran número de ediciones críticas bilingües (inglés-español) de obras de Ralph Waldo Emerson, Emily Dickinson, Henry Adams y Sarah Orne Jewett. Es coeditor de *Modernism Revisited: Transgressing Boundaries and Strategies of Renewal in American Poetry* (Rodopi 2007) y es también uno de los co-editores de *The Companion to Richard Berengarten* (Shearsman 2016) y de *Managing* The Manager: *Critical Essays on Richard Berengarten's Book-length Poem* (Cambridge Scholars 2019). Con Miguel Teruel ha traducido al español el libro de Berengarten *Black Light* (JPM Ediciones 2012), y con Viorica Patea ha traducido los poemas de la poeta rumana Ana Blandiana, al inglés (*My NativeLand A4*, Bloodaxe 2014) así como *The Sun of Hereafter & Ebb of the Senses* (Bloodaxe 2017) y *Five Books* (2021). Sus ensayos críticos, traducciones y poemas han aparecido en numerosas revistas impresas y electrónicas tanto en Europa como en los EE.UU.

JORDI DOCE (Gijón, 1967) es licenciado en Filología Inglesa por la Universidad de Oviedo y doctor en literatura comparada por la Universidad de Sheffield. Fue lector de español en la Universidad de Oxford entre 1997 y 2000. Poeta, crítico y traductor, sus publicaciones más recientes son *La puerta verde. Lecturas de poesía angloamericana* (Saltadera, 2019) y la antología *En la rueda de las apariciones. Poemas 1990–2019* (Ars Poética, 2020). La editorial inglesa Shearsman publicó en 2017 una antología de su obra con el título de *Nothing Is Lost. Selected Poems*, a la que ha seguido la edición bilingüe de su libro *No estábamos allí* con el título de *We Were Not There* (2019), ambas en traducción de Lawrence Schimel. Coordina la colección de poesía de la editorial Galaxia Gutenberg. Más información en: http://jordidoce.blogspot.com/

SILVIA FALSAPERLA es licenciada por la Universidad de Toronto. Ha publicado relatos en revistas literarias canadienses y sus poemas han aparecido en el Boletín de la Asociación Italo-Canadiense y en las antologías *Make it New* (The Ezra Pound Society Magazine, 2019),

Ezra's Book (Clemson University Press, USA, 2019), y en *People, Places, Passages: An Anthology of Canadian Writing* (Longbridge Books, 2018). También ha publicado poemas en *Italian Canadiana* (University of Toronto, 2020) y en una edición especial en papel de *Accenti* (Primavera 2020). Recientemente publicó su primer volumen de poemas.

RHETT FORMAN es profesor en Tarleton State University en Stephenville, Texas, donde enseña literatura inglesa y norteamericana y dirige un programa de licenciatura en humanidades. Es antiguo alumno del St. John' College (Santa Fe), así como de la Universidad de Dallas, de la Universidad de Salamanca y del Ezra Pound Center for Literature de la Universidad de Nueva Orleans. Su trabajos de creación y sus estudios académicos han aparecido en revistas como: *Literature of the Americas, Contemporary Studies in Modernism, Borderlands: Texas Poetry Review*, y *Make It New*.

Los libros de poesía más recientes de JOHN GERY incluyen *The Enemies of Leisure* (reimpresión 2020) y *Have at You Now!* Sus poemas han aparecido en revistas internacionales y ha sido traducido a nueve idiomas. También ha publicado ensayos sobre una amplia gama de poetas, entre los que destacan *Nuclear Annihilation and Contemporary American Poetry: Ways of Nothingness*. Otros libros incluyen (con Vahe Baladouni) *Hmayeak Shems: A Poet of Pure Spirit* (2010), y (con Rosella Mamoli Zorzi, Massimo Bacigalupo y Stefano Maria Casella) *In Venice and the Veneto with Ezra Pound* (2007). Sus distinciones incluyen las becas NEA y Fulbright. Ha sido profesor visitante en la Universidad de Iowa, Bucknell, la Universidad de Minnesota y la Universidad de Belgrado. En la actualidad es catedrático en la Universidad de Nueva Orleans, dirige el Ezra Pound Center for Literature en Brunnenburg (Italia), y es editor de la colección de libros EPCL en Clemson University Press. Desde 2005, ha desempeñado el cargo de Secretario de del Congreso Internacional de Ezra Pound.

JEFF GRIENEISEN es profesor de literatura y escritura creativa en el State College de Florida y profesor adjunto de escritura creativa en el Ringling College of Art and Design. Su primer libro de poesía, *Good Sumacs*, fue publicado por la editorial MAMMOTH y el segundo se publicará con Lavender Ink/Diálogos. También ha publicado poemas, así como artículos de crítica literaria sobre Ezra Pound, T. S. Eliot, Ernest Hemingway y Edgar Allan Poe en varias antologías y revistas.

Juan Antonio González-Iglesias (Salamanca 1964) es también traductor, crítico literario y catedrático del Departamento de Filología Clásica de la Universidad de Salamanca. Entre sus libros de poemas publicados se encuentran *La hermosura del héroe* (1993), *Ensayando círculos* (1997) *Vayamos hacia el norte aunque sea dando la vuelta por el sur* (2001) *Más hermosura* (2002) y *Eros es más* (2007). Entre los numerosos premios con los que ha sido galardonado, destacan el premio de Poesía Jaime Gil de Biedma, el premio Internacional "Generación del 27" y el Premio Loewe.

Jorge Guillén (1893–1984) pertenece la llamada Generación del 27 y es discípulo directo de Juan Ramón Jiménez. Practicó un estilo de refinada composición lírica compartido por otros miembros del grupo, como Pedro Salinas, Vicente Aleixandre y Dámaso Alonso. Su primera publicación, *Cántico* (1923), constaba de 75 poemas publicados en *La Revista de Occidente*. Guillén concibió sus escritos como una obra continua, por lo que *Cántico* se publicó sucesivamente hasta 1950 y llegó a tener 334 poemas divididos en diferentes libros. Posee dos doctorados, uno por la universidad de Madrid en 1924 (sobre el poeta barroco Luis de Góngora) y otro en Oxford, donde fue profesor entre 1929 y 1931. A causa de la Guerra Civil española, se exilió en 1938 y trabajó como profesor en universidades estadounidenses y canadienses como Middlebury College, Mc Gill, Wellesley College, Harvard y la Universidad de Puerto Rico. Regresó a España en 1975. Obtuvo el Primer Premio Cervantes (1976), fue Miembro de Honor de la Real Academia Española (1978) y recibió el "Premio Ciudadano Predilecto de Andalucía" (1983).

Chengru He 何玚茹es una poeta de Shanghai. Actualmente vive en Tuscaloosa. Escribe en chino y en inglés, a veces bajo el seudónimo de He Xihe 何羲和. Es licenciada en Escritura Creativa en la Universidad de Alabama, Tuscaloosa, y cursa actualmente estudios de doctorado en Literatura Inglesa. Sumerge su pluma en la poesia y la poética, en los estudios de traducción y en la traducción, y en el Modernismo transnacional. Le gusta pasear por la naturaleza, o vivir una aventura a través de la fotografía, la música, la pintura y el cine.

Julián Herbert es poeta, novelista, cuentista y músico mexicano. Estudió literatura española en la Universidad Autónoma de Coahuila y su primera publicación fue una selección de cuentos que vio la luz en 1993. Después de publicar cuatro poemarios, apareció su primera novela, *Un mundo infiel* (2004). Recibió el Premio Nacional de Literatura Gilberto Owen en 2003, el Premio Jaén de Novela Inédita en 2011 por *Canción de tumba* (una elegía para su madre) y el Premio de Novela Elena Poniatowska en 2012. En su faceta de músico, ha participado en el grupos de rock Los Tigres de Borges.

Justin Kishbaugh es licenciado en Escritura Creativa por la Jack Kerouac School of Disembodied Poetics de la Universidad de Naropa y se ha doctorado en literatura inglesa en la Universidad de Duquesne. Ha sido coeditor y colaborador de las antologías de poesía *A Packet of Poems for Ezra Pound* y *Ezra's Book*, también publicadas por el Ezra Pound Center for Literature en Clemson University Press. Su poesía se ha publicado con el título *For the Blue Flash*, y sus artículos han aparecido en *Ezra Pound and the Arts*. Justin vive en Providence, Rhode Island con su esposa, la Dra. Galateia Demetriou, y es el Director Asociado del Éxito Académico y Profesor de Escritura en Facultad de Derecho de la Roger Williams University. Cuando no está trabajando en la obra de Pound o en la poesía, a Justin se le puede encontrar vagando por los museos, leyendo cómics de Wolverine, escuchando a Keith Richards, o viendo las repeticiones de Magnum P.I.

Tony López, conocido por su poema largo *False Memory* (The Figures, 1996; Salt, 2003; Shearsman, 2012), ha publicado 25 libros de poesía, crítica y ficción. En 2012 publicó el poema épico en prosa *Only More So* (Shearsman). Ha recibido premios de la Fundación Wingate, la Sociedad de Autores, el Consejo de Investigación de las Artes y las Humanidades y el Consejo de las Artes de Inglaterra. Su poesía figura en antologías destacadas como *Twentieth-Century British and Irish Poetry* (Oxford University Press), *The New Concrete* (Hayward Publishing), *The Art of the Sonnet* (Harvard University Press), *Other: British and Irish Poetry since 1970* (Wesleyan University Press) y *Conductors of Chaos* (Picador). Sus escritos críticos incluyen *The Poetry of W. S. Graham* (Edinburgh University Press) y *Meaning Performance* (Salt). Enseñó durante muchos años en la Universidad de Plymouth y fue nombrado el primer profesor de poesía de esta institución (2000) y, más tarde, profesor emérito (2009). Desde 2009 ha estado haciendo arte de las palabras, trabajando en comisiones públicas con animadores, programadores, talladores de piedra, fabricantes de neón y LCD, impresores de arte y diseñadores web para explorar las posibilidades de la visualización del lenguaje. Sus poemas recientes han aparecido en *Poetry* (Chicago) y *Blackbox Manifold*. Vive en Exmouth, en Devon.

Sean Mark se doctoró en literatura comparada en las universidades de Tubinga, Bérgamo y Brown, con una beca de la Comisión Europea. Ha publicado estudios sobre Pound, Pasolini y el Futurismo Italiano y su primer libro, *Pound and Pasolini: Poetics of Crisis*, se publicará próximamente con Palgrave Macmillan. Sus poemas han visto la luz en *A Packet of Poems for Ezra Pound* (Clemson University Press, 2017). Ha editado y traducido dos libros de poetas italianos contemporáneos para Chelsea Editions Press (Nueva York), y ha traducido para Routledge y la *Italian Poetry Review*. Fue becario postdoctoral de la Academia Británica en la Escuela Británica de Roma en 2018-19, y ahora vive en París, es profesor titular en la Universidad Católica de Lille.

Alec Marsh es profesor en el Muhlenberg College de Pensilvania, Estados Unidos. Es un estudioso de la poesía moderna estadounidense y de la obra de Ezra Pound y William Carlos Williams. Escribe poesía y enseña inglés y literatura americana de los siglos XIX y XX. Sus libros más recientes sobre Pound se centran en los lamentables compromisos políticos del desafiante poeta y en sus complejos Cantos tardíos durante su encarcelamiento en el hospital Santa Isabel de Washington.

David Moody es Profesor emérito de la Universidad de York (Reino Unido). Autor de dos poemarios: *At the Antipodes: Homage to Paul Valéry* (Bedlam Press, 1982); *News Odes: The El Salvador Sequence* (BedlamPress,

1984). También es autor de *Ezra Pound: Poet* (3 vols., OUP, 2007, 2014, 2015); *Tracing T. S. Eliot's Spirit: Essays on his Poetry & Thought* (CUP, 1996); *Thomas Stearns Eliot: Poet* (CUP, 1979); *Virginia Woolf* (Oliver & Boyd, 1963); y editor de *Ezra Pound to his Parents: Letters 1895-1929*, con Mary de Rachewiltz y Joanna Moody (OUP, 2010); *Cambridge Companion to T. S. Eliot* (CUP, 1994); y *'The Waste Land' in Different Voices* (Edward Arnold, 1974).

VIORICA PATEA es catedrática de literatura inglesa y americana en la Universidad de Salamanca. Entre sus libros publicados destacan *Entre el mito y la realidad: Aproximación a la obra poética de Sylvia Plath* (1989), un estudio sobre Whitman, *La apología de Whitman a favor de la épica de la modernidad* (1999) y un estudio acerca de *La tierra baldía de T. S. Eliot* (2022). Ha editado varias colecciones de ensayos como *Critical Essays on the Myth of the American Adam* (2001) y, junto con Paul Scott Derrick, *Modernism Revisited: Transgressing Boundaries and Strategies of Renewal in American Poetry* (2007). Ha editado una colección de ensayos, *Short Story Theories: A Twenty-First-Century Perspective* (2012) que recibió el Premio de Investigación Javier Coy al mejor libro editado (2013) de la Asociación Española de Estudios Americanos. Sus intereses de investigación incluyen la poesía y la poética de vanguardia, así como los estudios comparativos de la literatura testimonial de los países de Europa del Este.

MARÍA ÁNGELES PÉREZ LÓPEZ es poeta y profesora titular de Literatura Hispanoamericana de la Universidad de Salamanca. Ha publicado varios libros y plaquettes. Antologías de su obra han sido editadas en Caracas, Ciudad de México, Quito, Nueva York, Monterrey y Bogotá. También, de modo bilingüe, en Italia y Portugal. Es miembro correspondiente de la Academia Norteamericana de la Lengua Española, miembro de la Academia de Juglares de Fontiveros e hija adoptiva del pueblo natal de San Juan de la Cruz. Poemas suyos han sido recopilados en antologías colectivas. Acaba de ser incluida en el prestigioso Dossier monográfico "Voix d'Espagne (XXe-XXIesiècles). Résonances contemporaines de la poésie espagnole: Poèmes, poétiques et critiques" en *Hispanisme S. Revue de la Societé des Hispanistes Français* 13 (2020). Ha sido jurado, entre otros, del Premio Cervantes y del Premio Reina Sofía de Poesía

Iberoamericana. Ha recibido el Premio Nacional de Poesía de la Crítica en 2022.

GONZALO ROJAS PIZARRO es un escritor, poeta y profesor chileno perteneciente a la llamada Generación del 38. Uno de los exponentes más destacados de la poesía hispanoamericana del siglo XX, su obra se enmarca en la tradición continuadora de las vanguardias literarias latinoamericanas. Considerado uno de los más grandes poetas iberoamericanos del siglo XX, fue distinguido con importantes galardones y a lo largo de su vida recibió más de veinte Doctorados Honoris Causa de universidades hispanoamericanas, europeas y norteamericanas. Entre los galardones más destacados que le fueran conferidos se encuentra el Premio Reina Sofía de Poesía Iberoamericana (1992). Además, ha recibido el Premio Nacional de Literatura de Chile (1992), el Premio José Hernández (1997), la más alta distinción literaria de Argentina, el Premio Octavio Paz de poesía y ensayo (1998 México), y en 2003 en Madrid el Premio Miguel de Cervantes (Madrid 2003) de literatura, máximo reconocimiento de la lengua española.

JAIME SILES. Doctor en Filología Clásica por la Universidad de Salamanca y *Doctor honoris causa* por la Universidad de Clermont-Ferrand, es en la actualidad catedrático de Filología Latina de la Universidad de Valencia. Pertenece a al grupo de los Novísimos y entre sus libros de poesía destacan *Canon*, 1973 (Premio Ocnos), *Música de agua*, 1983 (Premio de la Crítica de País Valenciano y Premio de la Crítica de poesía castellana) *Semáforos, Semáforos*, 1990 (Premio Loewe), *Himnos tardíos*, 1999 (Premio Internacional "Generación del 27"), *Desnudos y acuarelas*, 2009 (Premio Tiflos de Poesía) y *Horas extra*, 2011. Ha recibido otros premios como el Premio Nacional de Poesía José Hierro, el Premio Internacional de Poesía Ciudad de Torrevieja y el Premio Internacional de Poesía Jaime Gil de Biedma. (2018) Por el conjunto de su obra, ha sido distinguido con los premios Teresa de Ávila (2003), de las Letras Valencianas (2004), Andrés Bello (2017) y el Premio UNESCO (2019). Ha sido Presidente de la Sociedad Española de Estudios Clásicos (2008-2016), director del Aula de Estudios Clásicos de la Institución Alfonso El Magnánimo de la Diputación de Valencia, secretario de redacción de la *Revista de Occidente* y asesor de Cultura en la Representación

Permanente de España ante la Oficina de la Organización de las Naciones Unidas. En 2013 el Ayuntamiento de Valencia lo nombró Hijo Predilecto de la Ciudad.

RON SMITH, poeta laureado de Virginia, es el autor de *The Humility of the Brutes, Its Ghostly Workshop, Moon Road*, and *Running Again in Hollywood Cemetery*, considerado por Margaret Atwood finalista del Concurso de Nacional de Poesía. En 2020 se reeditó su volumen *Running Again in Hollywood Cemetery*. Los poemas premiados de Smith han aparecido en las revistas *The Nation, Kenyon Review, New England Review, Kansas Quarterly, Georgia Review, Plume, Blackbird, Five Points*, y *Arts of War & Peace* (L'Université Paris Diderot). Más de un centenar de poemas han sido publicados en antologías en el siglo XXI, incluyendo la de Helen Vender, *Poems, Poets, Poetry* (Poemas, Poetas, Poesía). Actualmente, Smith es escritor-en-residencia en St. Christopher's School y director de la sección de poesía de *Aethlon: The Journal of Sport Literature*.

CLIVE WILMER es poeta, traductor, crítico y conferenciante profesor de la Universidad de Cambridge (GB). Ha publicado ocho volúmenes de poesía, entre ellos su *New and Collected Poems* (Carcanet, 2012) y Urban Pastorals (Worple, 2014). También ha publicado ocho volúmenes de poesía traducidos del húngaro en colaboración con George Gömöri. Tiene numerosas publicaciones periódicas, como *PN Review* y el *Times Literary Supplement*. Es miembro emérito del Sidney Sussex College, patrono honorario de la William Morris Gallery de Walthamstow, miembro honorario de la Anglia Ruskin University y miembro del aniversario del Whitelands College de la Roehampton University. Es un entusiasta admirador de la obra de John Ruskin, sobre la que ha escrito extensamente, y de 2009 a 2019 fue maestro de la organización benéfica de Ruskin, la Guild of St George.

www.ingramcontent.com/pod-product-compliance
Lightning Source LLC
Chambersburg PA
CBHW021356090426
42742CB00009B/874